Eduard Baltzer

Briefe an Virchow über dessen Schrift

Eduard Baltzer

Briefe an Virchow über dessen Schrift

ISBN/EAN: 9783743470378

Hergestellt in Europa, USA, Kanada, Australien, Japan

Cover: Foto ©ninafisch / pixelio.de

Weitere Bücher finden Sie auf **www.hansebooks.com**

Die natürliche Lebensweise,

der Weg

zu Gesundheit und sozialem Heil.

～～～

Dritter Theil.

Briefe an Virchow

über

dessen Schrift:

„Nahrungs= und Genußmittel."

Von

Eduard Baltzer.

Nordhausen, 1868.
Ferd. Förstemann's Verlag.

Briefe an Virchow

über

dessen Schrift:

„Nahrungs- und Genußmittel."

Von

Eduard Baltzer.

Mit einer Tafel Abbildungen.

Nordhausen, 1868.
Ferd. Förstemann's Verlag.

Erster Brief.

Geehrter Herr.

In Ihrer mir freundlichst übersendeten Schrift über Nahrungs- und Genußmittel, welche ich mit großem Vergnügen gelesen, haben Sie mir die unverdiente Ehre erwiesen, mich, und mich allein, als literarischen Vertreter der „Vegetarianer", deren Literatur Sie als eine „nicht unbedeutende" anerkennen, namhaft zu machen. Sie haben mir dadurch eine gewisse Pflicht auferlegt, mich einige Augenblicke wirklich als solchen Vertreter an meinem Theile zu betrachten, und werden es freundlich gestatten, das, was ich zu sagen habe, öffentlich zu sagen, da es sich ja um eine Sache des öffentlichen Wohles handelt. Um so mehr glaube ich Ihnen und meinen Gesinnungsgenossen eine Erklärung schuldig zu sein, da ich in meiner Schrift „die natürliche Lebensweise" S. 92 die Männer von Fach ausdrücklich „im Namen der armen Menschheit" ersucht hatte uns, wenn wir irren, eines Besseren zu belehren, und mich bereit erklärt hatte, diesfalls mich zu dem Besseren sofort öffentlich zu bekennen. Diejenigen, mit denen ich auf gleichem oder ähnlichem Wege bin, haben also ein Anrecht auf meine Erklärung, und Sie, geehrter Herr, gestatten mir gewiß gern, sie in Form einer Unterredung mit Ihnen zu geben.

Empfangen Sie also vor Allem meinen aufrichtigen Dank dafür, daß **Sie die Frage überhaupt in öffentliche Discussion gezogen und mit Ihrem Namen identificirt haben**. Noch vor Kurzem war die Sache der Vegetarianer eine Laien und selbst Aerzten bei uns so unbekannte, daß allerdings ein gewisser sittlicher Muth dazu gehörte dem herrschenden Geiste gegenüber eine Ausnahme zu machen. Glaubte doch jüngst noch ein Journal wie die Gartenlaube eine ganz harmlose Skizze des Vegetarianismus aus dem Grunde ablehnen zu müssen, weil sie etwa Collissionen mit — Herrn Dr. Bock herbeiführen möchte! Bei solcher Signatur der Zeit ist es keinem Gebildeten anders möglich, als mit Genugthuung zu sehen, daß ein Mann Ihres Namens von uns mit der Achtung und Anerkennung redet, von der Ihre Schrift überhaupt und Seite 30 insbesondere Zeugniß giebt.

Gestatten Sie mir aber gleich hier in scheinbar großer Nebensache eine Berichtigung, denn oft sind kleine Dinge von großer Bedeutung und diesfalls weiß ich das leider aus eigener trauriger Erfahrung. Gerade da, wo Sie mit hoher Anerkennung von uns reden (S. 30), geschah es Ihnen selbst wohl unbewußt, daß Sie uns in einer wichtigen Beziehung nicht nur völlig falsch auffaßten, sondern eine Waffe in Anwendung brachten, die wir, wenn sie bewußt gewählt wäre, nicht als edel würden anerkennen können. Sie sagen, nachdem Sie vorher der Vegetarianer des Alterthums gedacht: „In den letzten Jahren hat sich unter dem Namen der Vegetarianer eine, wenn auch unzusammenhängende und wenig zahlreiche, so doch recht thätige Secte erhoben, welche mit allen Hülfsmitteln der Wissenschaft und mit allem Ernste eines tief sittlichen Strebens das Fleischessen als eine der schlimmsten und widernatürlichsten Verirrungen des Menschengeschlechts bekämpft und durch eignes Beispiel den Beweis zu liefern bestrebt ist, daß die Pflanzennahrung genügt, um dem menschlichen Körper Gesundheit und Kraft zu erhalten".

Mochte nun der Ausdruck „Secte" einem oberflächlichen Autor wohl entschlüpfen, der Alles Secte nennt, was in erheblicher Minderzahl ist, so kann bei Ihnen doch nur die Annahme gelten, daß Sie denselben im traditionell-religiösen Sinne genannt. Dies ist um so natürlicher, als in der Vorzeit unsere Sache in religiöse Dogmen verstrickt war, durch

1*

welche sie später Lebenden ungenießbar wurde; ja ich glaube nicht zu irren, wenn ich sage, der Vegetarianismus ist vorzüglich deshalb eine lange so unbekannte Sache geworden, weil er nur beiläufig als „Secte" erwähnt wurde und er es zu Zeiten wirklich war. Ich bekenne gern, daß ich mich dieses Irrthums noch in meinem Buche „Von der Arbeit" S. 91 selbst schuldig gemacht habe. Wenn es in Boston, wie ich irgendwo gelesen, wirklich eine Vegetarianer-Gemeinde giebt, die es deshalb ist, weil sie sich streng an das in den Büchern Mosis offenbarte Gesetz der fleischlosen Diät bindet, so würde das allerdings eine Secte sein: das Merkmal des Sectenthums läge in ihrer Wesenheit. Anders bei uns. Das zeigt sich schon an der Mitgliedschaft des „deutschen Vereins für natürliche Lebensweise". Er nennt sich wohl gelegentlich (in Parenthese) Vegetarianer-Verein, um bei dem Streben sich erkennbarer zu machen, die historischen Beziehungen aufrecht zu erhalten,*) allein seine Mitglieder sind in jeder Hinsicht ein buntes Gemisch: Juden und Christen, Katholiken, Protestanten und Mitglieder der freien religiösen

---

*) Aus diesem Grunde ist der Titel unseres Organs: „Vereinsblatt für Freunde der natürlichen Lebensweise (Vegetarianer) Nordhausen ꝛc.", denn ohne den parenthetischen Zusatz würde der Titel z. B. in Frankreich und England schwerlich verstanden werden.

Gemeinden finden sich darin vereint, gleich wie die verschiedensten Stände vertreten sind: Männer und Frauen, Gelehrte und Ungelehrte, „Arbeiter" und Stubensitzer, Aerzte und Geistliche u. s. w. Ich bin dabei weit entfernt zu sagen, daß die „natürliche Lebensweise" mir selbst nicht Religion sei. Im Gegentheil, sie ist es. Aber meine persönliche Religion besteht darin, der erkannten Wahrheit gewissenhaft zu folgen, und die Wahrheit selbst immer besser erkennen zu lernen. Ist das nicht jedes Menschen Pflicht? Ist das nicht das Merkmal des Antisectenthums? Ihre Bezeichnung, verehrter Herr, daß wir eine „Secte" seien, bringt uns, so weit ihre Schrift geht, bei allen Aufgeklärten dem Sprachgebrauch gemäß in einen üblen Geruch, in Verbindung mit den sonstigen Mythen von Askese rückt sie uns nahe heran an die finstersten orthodoxen Secten vergangener Zeiten. Das pure Gegentheil aber ist das Richtige. Wir berufen uns auf keine „Offenbarungen", wir machen keine religiösen Satzungen, wir sind keine Asceten*) — wir suchen die Wahrheit der Natur und des Geistes auf natürlichem Wege und wandeln jauchzend an ihrer Hand. Die natürliche Lebensweise erzeugt viel eher attischen Sinn als

---

*) Vergleiche meine „Natürliche Lebensweise" Bd. 2 den Abschnitt über Luxus.

Mucker- und Sectenthum, und will sich die Welt durchaus über uns täuschen, so können wir das freilich nicht hindern, aber es ist, denke ich, unsere Pflicht Nichts zu versäumen, was dazu beitragen kann die Nebel zu lichten, die zwischen der Menschheit Auge und der Wahrheit liegen. Ich würde das Alles nicht so unbefangen aussprechen können, wenn mich nicht die Ueberzeugung leitete, daß Sie, verehrter Herr, dieselbe Absicht auch bei jenem Worte gehabt. —

Zweiter Brief.

Was uns Vegetarianer an Ihrer Schrift, geehrter
Herr, demnächst besonders erfreut, ist die Ueberein=
stimmung, in der wir uns gegenüber den herr=
schenden Sitten und Meinungen ein gut Stück
Wegs befinden. Gestatten Sie mir diejenigen
Punkte, die mir besonders werthvoll scheinen, zur
Freude meiner Genossen kurz zu recapituliren; ich hoffe
dadurch ganz Ihrer Absicht zu dienen, daß man hierauf
in immer weiteren Kreisen sein Augenmerk richte.
 1. Die schwebende Frage ist eine Lebensfrage von
höchster Bedeutung, aber vernachlässigt wie kaum Eine.
Seite 1 bis 7. „In der That, es ist erstaunlich,
daß nach so vielen Jahrtausenden weder die Er=
fahrung noch die Wissenschaft dieser, wie man meinen
sollte, ersten Frage der Menschheit zum Abschluß
gekommen ist. Man begreift es leichter, daß ein
Zweifel darüber besteht, ob Kaffee ein Nahrungs=
mittel oder blos ein Genußmittel ist, denn der

allgemeine Gebrauch des Kaffees ist kaum zwei Jahrhunderte alt. Es ist verständlich, daß man über den Werth des Zuckers streitet, denn noch bis zum Ende des Mittelalters wurde er fast nur als Arzneimittel angewendet. Aber es erscheint kaum glaublich, wenn in unseren Tagen von Neuem gestritten wird über die ältesten und gewöhnlichsten Nahrungsmittel, über Brod und Fleisch. Das Brod, das „süße" Brod, welches die fromme Sprache unseres Volkes noch jetzt „die Gabe Gottes" nennt, soll es aufhören als ein Nahrungsmittel im strengen Sinne des Wortes angesehen zu werden? Das Fleisch, scheinbar der natürlichste Ersatz unseres eigenen Fleisches, soll es in Wahrheit nichts Anderes sein, als ein Mittel, das Fäulniß und Tod in unsern Körper trägt? So schroff stehen die Meinungen gegen einander, und es ist gewiß eine ernste Kulturfrage, in diesem Streite seine Stellung zu nehmen." S. 7.

2. Alle wirkliche Ernährung geht durch das Blut, aber auch Genuß- und „Heil"mittel gehen meist in das Blut über, denn „dieser Uebergang ist in der Regel nothwendig zu ihrer Wirkung." S. 8 ff. „Kein Nahrungsmittel wirkt anders, als vom Blute aus." S. 10.

Wir constatiren dies gegenüber den Meinungen

entgegengesetzter Art, die im Volke grassiren, und dahin gehen, daß der Genuß gewisser Dinge unschädlich sei. Wir folgern hier nur, daß es nicht gleichgültig ist, was wir genießen und rechnen auf Ihre Zustimmung, wenn wir weiter schließen:

a) „Ein Haupttheil der Socialökonomie muß also die Kritik des Konsums werden." Nat. Lebensw. II, 100.

b) Daß es „eine qualitative Unmäßigkeit" giebt, welche „noch viel verwüstender ist als die quantitative." N. L. II, 139 f.

c) Daß jedes „unnatürliche Konsum auf die Gemüths- und Geistesbeschaffenheit der Menschheit einen großen (verderblichen) Einfluß haben muß." N. L. II, 98.

3. Es ist Nichts als eine schlechte Gewohnheit, sich den Magen mit voluminösen Stoffen zu füllen. Wirkliche Nahrung bedarf der Mensch (im Verhältniß zu vielfach herrschender Unsitte) sehr wenig. S. 19 ff. „Erfahrung anderer Länder und Zeiten hat vielmehr gelehrt, daß die Gesundheit bei großer Mäßigkeit, bei der Aufnahme sehr geringer Mengen von Nahrungsstoffen sich nicht blos bei Einzelnen, sondern durch Generationen hindurch bei ganzen Stämmen und Völkerschaften auf das Beste erhält. Der Araber der Wüste bleibt thatkräftig bei einer Hand voll Reis für den Tag;

der Arbeiter auf den Hochebenen Norwegens vollendet sein schweres Tagewerk bei einer so geringen Menge von Flachbrod und trockenem Käse, daß selbst sehr bescheidene Vorstellungen von dem täglichen Nahrungsbedürfnisse eines Mannes dadurch noch erschüttert werden." S. 20—21.

Dies ist aber ein Hauptpunkt im System des Vegetarianismus. Vergl. Nat. Lebensw. I, S. 19. S. 29—31. S. 24 u. a. m. Es ist zugleich einer von den Punkten, der uns Vegetarianern am meisten Spott auch von recht gelehrten Leuten zuzieht, denen es nur fatal ist, daß die Erfahrung an uns Vegetarianern überall das Gegentheil herausstellt. Für uns bedurfte es der Autorität Ihres Namens, Herr Professor, allerdings nicht, aber wir hoffen, die Vorurtheilsvollen werden durch Ihr Zeugniß doch zum Nachdenken veranlaßt werden. Gewünscht hätten wir dabei nur, daß Sie das Gegentheil dieser Mäßigkeit, das Viel- und Falsches-Essen und Trinken als die Hauptquelle der Krankheiten betont hätten. Unser System und Beispiel zeigt eben, wie sich ein Heer von Leiden so leicht und erfolgreich vermeiden läßt.

4. Die Liebig'sche Schule, Heizstoffe und Nährstoffe des Menschen unterscheidend, führt kraft der Formel „Stickstoff zur Nahrung, Kohlenstoff zur

Heizung" zu der modernen starken Fleischnahrung, wo es sich um „kräftige" Ernährung handelt. Sie, Herr Professor, erkennen diese Theorie wenigstens nicht als richtig an. S. 27 ff. „Allerdings kann der Mensch ohne Fleischnahrung leben." S. 35. „Darin haben die Vegetarianer offenbar Recht, daß die Pflanzenkost in einem viel höhern Grade Nahrungsstoffe bietet als man lange Zeit hindurch zuzugestehen geneigt war. S. 36. „Die Verwirrung über die zweckmäßigste Nahrungsweise ist in Folge der sehr einseitigen Behandlung der ganzen Ernährungsfrage vom blos chemischen Standpunkte aus eher größer als kleiner geworden. Für die Erkenntniß der erregenden Wirkung der Nahrungs- und Genußmittel hat die chemische Untersuchung eine nur untergeordnete Bedeutung: die physiologische Betrachtung ist hier maßgebend." S. 54.

Wir nehmen mit Freuden Act davon, daß hiermit der modernen Fleischnahrungswuth und Fleischkurenfieber ein „Halt" zur Ueberlegung zugerufen ist. „Eine strengwissenschaftliche Diätetik ist bis jetzt noch unmöglich." S. 40. Nun, wenn das die Wissenschaft bekennt, so wird uns kein Verständiger verdenken können, wenn wir Vegetarianer die Natur unmittelbar befragen. Von der Antwort, die sie uns giebt, später Einiges.

5. Hinsichtlich der „Genußmittel" im Allgemeinen bestätigen Sie unsere vegetarianischen Grundsätze. Abgesehen von den Nährstoffen, die ihnen etwa, wie z. B. der Chokolade, beiwohnen, sind sie durch die Elemente, die sie eben zu „Genußmitteln" machen, keine Nährstoffe und im Allgemeinen verwerflich. Sie sagen:

„Von manchen Genußmitteln kann es nicht zweifelhaft sein, daß sie keinen Nahrungswerth haben: Niemand denkt daran Tabak, Opium, Betel als Nahrungsmittel zu nehmen." S. 41.

„Niemals können bloße Genußmittel die Nahrungsmittel ersetzen." S. 53.

„So ist man denn endlich auf die Wahrheit gekommen, daß das Kaffeern (Kaffee und Thee enthalten sonderbarer Weise dieselben Stickstoffkörper, das Kaffeern oder Theern) nichts mehr und nichts weniger als ein die Nerven stark erregender, und in größerer Menge genossen, geradezu giftiger Körper ist, daß also Kaffee und Thee in gewisser Weise sich verhalten wie Tabak oder wie gegohrne Getränke, von denen jener eines der stärksten Gifte, das Nicotin, diese sämmtlich ein etwas milderes Gift, den Alkohol, enthalten." S. 41—42.

Der Begriff eines Giftes ist relativ, sagen Sie weiter, und was wir „giftig" nennen, trete erst bei Anwendung größerer Mengen von Giftstoffen ein, zumal manche Naturen sich an das Gift „gewöhnten", „so daß Mancher über diese „langsamen Vergiftungen" lächelt." Allein Sie sagen auch, daß diese „Gewöhnung" nur durch die „Abstumpfung" der Nerven herbeigeführt werde, daß andere Naturen sich auch eben „nicht gewöhnen," d. h. also nicht abstumpfen lassen, so daß der wiederholte Gebrauch bei ihnen „unmittelbar zu einer langsamen Vergiftung führt." S. 42—43. Auch versäumen Sie nicht auf das Verführerische solcher Genußmittel hinzuweisen: „Auch ist es bekanntlich nicht so leicht in den Genußmitteln ein Maaß zu finden. Nur zu leicht wirkt der erste Genuß als ein Anreiz zum zweiten und so fort. Das Gefühl der Sättigung, welches uns gegenüber den Nahrungsmitteln nicht so leicht verloren geht, tritt bei den Genußmitteln überhaupt nicht in voller Schärfe ein, weil es sich dabei eigentlich gar nicht um eine Sättigung im gewöhnlichen Sinne des Wortes handelt." S. 43.

Weiter sagen Sie, daß zwischen „Reiz- und Betäubungsmitteln" kein wesentlicher Unterschied sei. „Jeder Reiz bedingt eine Erregung und ruft dadurch eine Lebensthätigkeit hervor oder steigert sie. Aber nach einem allgemeinen Gesetz alles Lebendigen folgt auf die Erregung ein Nachlaß, der um so stärker zu sein pflegt, je größer die Erregung im Verhältniß zu der Leistungsfähigkeit des erregten Theiles war. Auf starke Thätigkeit, mag sie nun absolut oder relativ stark sein, folgt wirkliche Ermüdung, und starke Ermüdung im Nervensystem steht der Betäubung so nahe, daß sich eine wirkliche Grenze nicht ziehen läßt. In der That sind die stärksten Betäubungsmittel, wie Opium, Alkohol, Hanf (Haschisch) in kleinen Mengen aufreizend, dagegen machen die ausgezeichnetsten Reizmittel, wie Kaffeïn, Nicotin, Aether in stärkerer Dosis Ermüdung oder geradezu Betäubung." S. 45.

Weiter belehren Sie darüber, daß alle „Genußmittel" — sei es direct oder indirect — auf die Nerven wirken. S. 45—46.

Auf Kaffee und Thee noch einmal zurückkommend betonen Sie, daß sie, abgesehen von etwa zugesetztem Zucker und Milch, „als Nahrungsmittel gar keine Bedeutung haben; sie sind Genußmittel, und in manchen Stücken mit zwei andern, sehr gewöhnlichen Reizmitteln verwandt, ich meine Wein und Schnaps, denen man wohl Zucker, aber keine Milch zuzusetzen pflegt. Wie wir schon gezeigt haben, so sind sowohl das Kaffeïn als der Alkohol giftige Substanzen, jenes überwiegend reizend, dieser zuerst reizend, dann schnell lähmend. Beide haben bedeutende Nervenwirkungen und können daher leicht mißbraucht werden. Die Kaffeeschwestern und Theebrüder, deren Genossenschaften die Mäßigkeitspriester so sehr begünstigt haben, unterliegen nicht minder einer verwerflichen Leidenschaft, wie die Wein- und Schnapstrinker." S. 49—50.

Weiter erklären Sie dann dergleichen Leidenschaften aus den heutigen Kulturzuständen, wo ein Reiz seine Ausgleichung dann immer durch einen „Gegenreiz." suche, der das Uebel nur steigert bis gar zur „Betäubung". „Alle diejenigen Genußmittel, welche giftige Bestandtheile enthalten, haben derartige Wirkungen und in sofern müssen Kaffee, Thee, Wein, Schnaps ähnlich beurtheilt werden wie Tabak, Opium, Betel. Es ist ein krankhafter Zustand der Bevölkerungen, welcher sie zum Gebrauche von Mitteln treibt, die eigentlich wie Heilmittel wirken sollen, die aber, wie die Heilmittel, bei anhaltendem Gebrauche in immer stärkeren Gaben angewendet werden müssen, um überhaupt noch eine Wirkung hervorzubringen. Es ist schwer solche Mißbräuche zu vernichten, so lange der Zustand der Gesellschaft immerfort das Bedürfniß wach erhält; ja man ist genöthigt bis zu einem gewissen Grade hin nachsichtig zu sein, zumal wo es möglich ist, Mäßigkeit und Zurückhaltung durchzusetzen. Nichtsdestoweniger sollte man begreifen, daß es sich um kein natürliches, sondern vielmehr um künstliche Bedürfnisse handelt, denen nur durch eine Reform der Gesellschaft begegnet werden kann. Zweckmäßige Ablösung von Arbeit und Ruhe, regelmäßiger Wechsel von körperlicher Bewegung und geistiger Thätigkeit, ausgiebiger Genuß von frischer und reiner Luft, ein= fachere Ernährung werden dem Mißbrauche der giftigen Genußmittel sicherer entgegenwirken als die einbringlichsten Mahnungen zur Mäßigkeit." S. 50—51.

Verehrter Herr! „Im Namen der armen leidenden Menschheit" habe ich öffentlich gebeten (Nat. Lebensw. I, S. 92), daß Aerzte und Fachmänner sich über die ganze Frage auslassen möchten, so daß wir Laien es alle lesen und verstehen könnten: im Namen dieser armen Menschheit danke ich Ihnen für die obige glänzende Rechtfertigung der bezüglichen vegetarianischen Grundsätze, deren ausführliche Darstellung in meinem Schriftchen mir nebenher so viel Spott von einigen Ihrer Herren Collegen und von denen eingetragen, welche gewohnt sind das Urtheil der Menge als maßgebend zu betrachten. Nunquam volui populo placere, sag' ich mit jenem Römer, und Demokrit fügt hinzu: unus mihi pro populo est et populus pro uno.

Dritter Brief.

Die Einschränkungen, geehrter Herr, welche Sie dem bisher Erörterten in einigen Beziehungen beifügen, und die Sie vielleicht schon vermißten, werde ich in meinem Bericht durchaus nicht verschweigen, vielmehr zum Gegenstande besonderer Betrachtung machen. Zuvor aber sei es mir vergönnt zwei Dinge nachzuholen, die in den vorigen Brief gehört hätten, wenn ich nicht der auch von Ihnen empfohlenen guten Regel, Arbeit und Ruhe abwechseln zu lassen, hätte folgen wollen.

Diese beiden Dinge, Fleisch und Salz, gehören genau zusammen und spielen in der vorliegenden Sache eine große Rolle.

Was nun zunächst das Fleisch anlangt, so werde ich wohl weder zu viel noch zu wenig sagen, wenn ich Ihre Aeußerungen dahin kurz zusammenfasse, daß Sie eine Menge Täuschungen zerstören, welche die Fleischesser bisher von ihrem Ideale gehegt haben. Sie sagen zum Beispiel:

„Es giebt nur wenige thierische Gewebe, welche vollständig im Magen aufgelöst werden. Insbesondere im Fleisch sind meist gewisse sehnige und elastische Bestandtheile, welche unverbaut bleiben. Je nachdem sie fein zerkaut, zerschnitten oder zerhackt werden, gewinnen sie, nicht an Verbaulichkeit, sondern an Unschädlichkeit. Lungen-Haché (Lungen-Mus) ist voll von elastischen Fasern und wird doch in der Regel gut vertragen: aber es nährt wenig. Knorpel sind unverbaulich; nichts desto weniger sind manche Zubereitungen, in denen sie reichlich enthalten sind, z. B. Preßwurst, Schwartenmagen, Schweineohren, hie und da sehr beliebt! Manche finden eine Annehmlichkeit darin, die knorpeligen Stücke zwischen den Zähnen zu zerkleinern; das mechanische Vergnügen, die besondere Form der Kieferbewegung ersetzt den Wohlgeschmack (!); der an sich ganz indifferente, vollständig geschmacklose Knorpel wird dadurch ein Genußmittel, aber kein Nahrungsmittel." S. 12.

„Selbst an sich verbauliche Theile, wie das Fleisch in seiner reinsten Gestalt, sind zum großen Theil unverdaulich, wenn sie nicht gehörig zerkleinert sind. Größere Stücke werden in ihrem Innern von den Verbauungsflüssigkeiten gar nicht erreicht, sie werden nur äußerlich angegriffen und aufgelöst, passiren aber in ihrer Hauptmasse unverbaut." S. 13. "Hartgekochtes Fleisch kann fast unverbaulich geworden sein." S. 14. "Alle Versuche haben ergeben, daß das gekochte Fleisch durch den Magensaft schneller und vollständiger aufgelöst wird als das rohe." S. 16. Aber "gerade von den thierischen Nahrungsmitteln kann man fast allgemein sagen, daß sie durch unzweckmäßige Zubereitung verschlechtert werden." S. 17.

"Die meisten halb oder gar nicht verbauten Bestandtheile gerathen zum Theil schon im Magen, jedenfalls im Darm, in weitere Zersetzung. Die pflanzlichen Reste unterliegen häufig einer wirklichen Gährung, die thierischen einer Art von fauliger Zersetzung" — Anlässe zu vielerlei Beschwerden. S. 18.

"Das Fleisch ist kein so unentbehrliches Nahrungsmittel, wie man es jetzt so häufig ansieht. Wäre es nicht entbehrlich, wie könnte dann unser Geschlecht bei einer Kochkunst, welche den größten Theil des zu den Speisen verwendeten Fleisches für die Verbauung unbrauchbar macht, bestehen?" (Virchow in Auerbach's Volkskalender 1862.)

Was speciell die gepriesene Fleischbrühe und deren "Kraft" anlangt, so sagten Sie schon früher, sie "ist also Wasser, darnach wieder Wasser in ganz überwiegender Menge, versetzt mit etwas

Leim, Fett, Salzen und sehr wenig Eiweiß und Extractivstoffen. Die Köchin weiß auch recht gut, daß damit nicht viel auszurichten ist, und sie setzt daher auch Mancherlei hinzu, was mehr Stoff darbietet. Eier, Mehl, Wurzeln und Kräuter, Salz und Gewürze machen die Brühe vollständig, aber sie ersetzen den Verlust des durch das Kochen verlorenen Fleisches nicht," a. a. O. Man hat Ihnen dies dahin mißverstanden, als verwürfen Sie Fleischbrühe absolut, und Sie präcisiren Ihre Ansicht deshalb in der vorliegenden Schrift näher und „behaupten nur, daß Fleischbrühe an sich weder ein Nahrungsmittel, noch „kräftig" ist, und daß, wenn man das ganze Fleisch, welches man zu seiner Nahrung verwenden will, kocht und davon Brühe bereitet, man dieses Fleisch zum großen Theil unverdaulich macht, ohne in der Brühe einen Ersatz zu gewinnen." S. 51—52. Sie stellen die Fleischbrühe folgeweise als reines „Genußmittel" hin; „warm genossen steht sie dem Thee oder Kaffee, weiterhin dem Wein, Schnaps oder Bier nahe; sie erregt die Nerven." S. 51.

Wir Vegetarianer constatiren also gern, daß Sie hiermit den Schwärmern für Fleisch- und Bouillon-Diät ein recht nützliches Kaltwasserbad bereitet haben. Was Sie ihnen noch übrig lassen, davon später ein Wort.

Was aber sagen Sie vom Salz? „Es ist das eine schwere Frage!" S. 48. „Erst jüngst ist, und zwar auf Grund experimenteller Forschungen, (E. Klein und E. Verson, Sitzungsbericht der Wiener Akademie II. Abtheilung 1867 April) die wissenschaftliche Behauptung aufgestellt worden, das Kochsalz sei nur ein Genußmittel, und nur insofern nicht zu entbehren, als starke Raucher den Tabak und viele andere Menschen gewohnte Genüsse nicht entbehren konnten oder wollten. S. 48. Sie erklären diese Thatsache nun freilich in drei Zeilen, ohne Widerlegung, für ein „Mißverständniß", führen aber dann doch selbst aus, daß „wir" ungleich mehr Salz genießen als für die Zwecke der Ernährung nöthig ist, und wissen dann wieder Ihre Position als Opponent gegen die Salzsteuer zu behaupten.

Also auch bezüglich des Fleisches und Salzes finden wir Vegetarianer Sie, geehrter Herr, ganz dicht in unserer Nachbarschaft, obwohl es Ihnen sichtlich beschwerlich fällt, einen Unterschied von uns zu behaupten und namentlich die Herren Klein und Verson zu widerlegen. Das Publikum wird hieraus wenigstens sehen, daß die Fragen, um die es sich handelt, allermindestens offene Fragen sind.

Sie selbst aber, geehrter Herr, geben in allen bisher berührten Dingen zu, daß allermindestens ein ungeheures Uebermaß des entbehrlichen, ja gefährlichen Konsums stattfinde.

Wenn dem nun so ist, was liegt näher als diese Frage auch auf socialem, auf national-ökonomischem Gebiete zu untersuchen? Erst wenn man mit allen Hülfsmitteln der Wissenschaft sich ein Bild zu entwerfen sucht, wie die heutige civilisirte Gesellschaft lebt, wohinaus die Bewegung, in der wir begriffen sind, mit raschem Segel geht, erst dann bekommen alle diese Fragen eine verhängnißvolle Wucht, unter welcher der Spott der Spötter wie loser Gischt zerfliegt. In meinem Schriftchen „die natürliche Lebensweise" (2. Heft) habe ich diese Fragen in dieser Richtung fortzuführen gesucht, in Hoffnung, daß bald erfahrenere Hände daran arbeiten möchten.

Diese social-ökonomische Seite muß von Allen in ihrer ungeheuren Wichtigkeit zugestanden werden, auch wenn sie zu all den von uns Vegetarianern verworfenen Dingen die Einschränkung machen: „Ein Wenig davon schadet nicht."

Wären die „arbeitenden Klassen" hierüber aufgeklärt, wie könnten sie sich „selbst helfen"! Nähme die Nationalökonomie hiervon Notiz, wie könnte sie einwirken, daß durch Aufklärung allmälig die bessere Richtung eingeschlagen würde! Nähme die Presse allüberall diese Sache in die Hand, wie würden alle politischen und religiösen Parteien, wie würden

Regierende und Regierte allmälig einsehen lernen, daß es eine Sanität giebt, die heute noch wenig Räthe hat, die aber das Volk selbst erkennen muß, wenn sie ein Gemeingut werden soll.

Vierter Brief.

Was mich, verehrter Herr, in Ihrer Schrift besonders wohlthuend berührt hat, ist der Umstand, daß Sie, der Fachmann in verschiedenen hierbei einschlägenden Wissenschaften, die Bemühungen Jemandes, der sich in eben denselben als Laien bekennt (Nat. Lebensw. I, 117 u. öfter) nicht nur nicht mißachtet, sondern warm empfohlen haben. Es tröstet mich dies ob des einen Vorwurfs, den von allen mir gemachten ich wirklich schmerzlich empfunden habe, nämlich es sei eine „Anmaßung", daß ich mich überhaupt auf das Gebiet begeben habe, von dem meine Schrift handelt. Weil ich mich völlig frei von diesem Fehler weiß, erfreut mich Ihr freundliches Urtheil doppelt, denn es weist mit Nothwendigkeit auf einen tiefen sachlichen Punkt hin, der in der schwebenden Frage von allerhöchster Bedeutung ist.

Die Lösung des in Rede stehenden Problems (ich

nenne es allerdings nur concessionsweise so) ist nämlich, wie Sie selbst, Ihren Prämissen gemäß, gern anerkennen werden, **gar nicht blos Sache der Fachmänner, sondern Jedermanns.**

Niemand kann größere Achtung vor der Wissenschaft haben wollen als ich, aber man darf die Eine nicht, was so leicht geschieht, verwechseln mit einem ihrer zeitweiligen Lichtstrahlen, oder gar mit einzelnen aus dem Zusammenhange des fortschreitenden menschlichen Erkennens gerissenen Ergebnissen.

Sie erzählen selbst sehr ergötzlich (S. 41 f.), wie „man" — z. B. Kaffeeïn und Theeïn für verschiedene Substanzen gehalten, wie „man" das Kaffeeïn eine zeitlang für einen Nährstoff gehalten, wie „man" ihn insbesondere als ein **Ersatzmittel für verbrauchte Nervensubstanz** (!!) angesehen, wie „man" dann auf den Gedanken gekommen, es verlangsame die Zersetzung der Stickstoffkörper und wirke dadurch anhaltend auf die Gewebe des menschlichen Leibes, wie es auch der Alkohol thun sollte! „Aber, sagen Sie nun, es zeigte sich, daß die **thatsächlichen Voraussetzungen** dieser Theorie falsch waren. So ist man denn endlich auf die Wahrheit gekommen" u. s. w. (siehe oben S. 12). Also die „Wissenschaften" — und die Männer der Wissenschaften — gehen irre, wenn richtige **thatsächliche Voraussetzungen mangeln.** Die Wissenschaften beruhen eben auf der Erfahrung und darum hat Jeder, der in dem betreffenden Erkenntniß-felde Erfahrungen zu machen, Thatsachen zu schaffen im Stande ist, Beruf zur Mitarbeit an der Lösung der betreffenden Probleme.

Deshalb haben verschiedene Aerzte es nicht unter ihrer Würde gehalten, bei uns nach den Thatsachen zu forschen, welche längeres vegetarianisches Leben etwa liefern möchten, während wir gegen andere mit dem klassischen Wort der Alten, daß die That die Vorstufe zur Erkenntniß ist, uns vertheidigen mußten (Nat. Lebensw. I, 112.).

Sie, verehrter Herr, erkennen dies Alles an und gehen noch weiter, und sagen, daß auch, wenn die Wissenschaft auf Grund richtiger Thatsachen zur Erkenntniß der Wahrheit gekommen, sie doch diesfalls das Heil dieser Wahrheit nicht zum Gemeingut machen kann!

Wie eifern Sie in vorliegender Beziehung schon im Jahr 1862 so schön: „Für unsere (heutige) Art zu leben, wo ein Reizmittel das andere abzulösen bestimmt ist, wo Wein und Branntwein, Kaffee und Thee, Tabak und Gewürz mit einander abwechseln, ist es freilich ein Gewinn, noch eine Abwechselung mehr zu haben und den mittleren Reiz der (Fleisch-) Brühe zwischen die großen Reize jener Stoffe einschieben zu können. Aber ist überhaupt diese

Art zu leben der Gesundheit zuträglich? Muß der Körper Reiz auf Reiz häufen, um seine Verrichtungen erfüllen zu können? Sicherlich nicht! Ein nervöses Geschlecht sehnt sich nach solchen Reizen, ein gesundes vermeidet sie ohne Gefahr für seine Entwickelung. Das Fleisch ist kein so unentbehrliches Nahrungsmittel 2c." (In Auerbach's Volkskal. 1862. a. a. O.). Hat Ihr Wort aber viel gefruchtet? Heute klagen Sie (S. 50), daß es so „schwer sei die betreffenden Mißbräuche zu vernichten, so lange der Zustand der Gesellschaft immerfort das Bedürfniß wach erhält, ja man sei genöthigt, bis zu einem gewissen Grade hin nachsichtig zu sein, zumal wo es möglich sei, Mäßigkeit und Zurückhaltung durchzusetzen. Nichts desto weniger aber sollte man begreifen, daß es sich um kein natürliches, sondern vielmehr um künstliche Bedürfnisse handelt, denen nur durch eine Reform der Gesellschaft begegnet werden kann!" Nun also! Deshalb legen wir „Laien" Hand an das Werk, still für uns ein Jeder nach seiner Kraft, und gemeinsam offen nach der ja wohl ganz christlichen Regel, daß man das Licht nicht unter den Scheffel stellen soll, sondern auf einen Leuchter, daß Alle, die im Hause sind, sehen können.*)

---

*) Dies thut auch der „deutsche Verein für natürliche Lebensweise" durch sein Dasein und durch sein „Vereinsblatt".

Also, geehrter Herr, sowohl Thatsachen schaffend, welche die Wissenschaft hernach seciren und somit unserer Erkenntniß weiter helfen mag, als auch die gewonnene Erkenntniß weiter mittheilend denen, die sie hören wollen, das ist unser Laienberuf bei der Sache, die Sie selbst für eine so unendlich wichtige erklären. Darin wollen wir denn auch sicherlich und freudig fortfahren. Mag sein, daß wir in manchem Einzelnen noch fehlgreifen, aber das darf uns nicht kümmern, wenn wir nur die vorurtheilsfreie Bereitwilligkeit uns bewahren, jede bessere Erkenntniß, von wannen sie auch kommen mag, aufzunehmen!

Darf ich Ihnen hiernach nun auch Einiges vertrauen, was bezüglich Ihrer Schrift und deren Gegenständen in unseren Kreisen sich als Resonanz jenseits der Grenze finden wird, bis zu welcher wir, wie das Bisherige zeigt, sehr einverstanden waren? „Cum rerum natura delibera!"

Fünfter Brief.

Also jenseit der Grenze, bis zu welcher zwischen Ihnen, geehrter Herr, und den Vegetarianern Einverständniß herrscht, geben Sie sich nun die sehr dankenswerthe Mühe, unsere Ueberzeugungen durch sachliche Erörterungen zu modificiren. Gehen wir die Einwendungen gegen unser System kurz durch!

"**Freilich sind die Vegetarianer gewöhnlich nicht consequent**", sagen Sie S. 30. "Ungesund, sagen sie, sei Alles, was vom getödteten Thiere stammt. Daher lassen sie Honig, Milch, Butter und Käse als gesunde Nahrungsmittel zu, obwohl dies doch unzweifelhaft keine pflanzlichen Stoffe sind. Eier, die vom lebenden Thiere stammen, und doch wo möglich frisch, d. h. lebend zubereitet werden, stehen schon bei einzelnen Vegetarianern unter den verbotenen Genüssen. Austern, die man wenigstens in Europa am häufigsten lebend oder wenigstens ganz frisch genießt, werden ebenso verdammt, wie Schinken oder Rauchfleisch. Sehen wir ab von diesen Widersprüchen ....."

Wenn ich Ihnen nun auch zugeben wollte, daß die Vegetarianer „gewöhnlich" nicht consequent seien, was hätten Sie damit für Ihr vermittelndes System gewonnen? **Ein einziger consequenter Vegetarianer beweist durch sein gesundes Dasein, daß Ihr Einwand ihn und also sein System nicht trifft!**

Aber erlauben Sie mir gleich hier zu bemerken, daß Ihre Fassung obigen Einwurfs schon verräth, daß Ihnen das Wesen des Vegetarianismus in wesentlichen Punkten dunkel ist. Kein ächter Vegetarianer giebt Ihnen zu, daß die Frage, ob man vom getödteten Thiere etwas genießen solle, blos unter den Gesichtspunkt der Gesundheit falle! Im Gegentheil, und wenn Sie ihn wirklich überzeugen könnten, daß dergleichen Alles „gesund" wäre, er würde doch nicht davon genießen, aus Gründen, die Sie überhaupt nicht erwähnen, die ich mir aber später zu berühren erlauben werde.

Eine weitere Folge hiervon ist aber, daß kein Vegetarianer in Verlegenheit kommen kann, ob z. B. Ei oder Auster zulässiger sei. Müßte er überhaupt dergleichen Rangements machen, so folgt aus seinen Principien, daß er ein Thier, je höher es organisirt ist, besto weniger genießen würde, je tiefer es aber steht, besto eher, wenn er es überhaupt thäte. Ein Ei ist doch aber noch kein organisirtes Wesen, daher es manche Vegetarianer zulassen und doch gerade "consequent" sind, wenn sie Auster — oder höhere lebende Thiere zu essen verwerfen. Auch der Satz Ihres obigen Referates ist unzutreffend, welcher involvirt, daß ein Vegetarianer nur pflanzliche Stoffe genieße. Die Muttermilch ist gewiß kein pflanzlicher Stoff. Daher kommt es aber wieder, daß sie auch Milch der Thiere genießen, allerdings nur sofern sie keine Tödtung der Thiere voraussetzt, und übrigens gewiß auch nur, weil die heutige Welt bei uns noch so wenig für natürliche Lebensweise eingerichtet ist. Doch wozu diese Nebendinge. Der strenge Vegetarianer lebt z. B. von Körnern und Wasser, wenn es sein muß, ganz allein und ganz gesund. Aber wir fügen das Obst hinzu, und erweitern mit des Feuers Hülfe gern diese einfachen Elemente in tausend Formen, wenn wir Zeit und Lust dazu spüren und tragen sie für Zeiten des Mangels uns ein wie Hamster und Bienen: warum sollten wir dazu den Verstand nicht brauchen? Also — "sehen wir davon ab".

Weiter aber berufen Sie sich gegen uns besonders auf die Erfahrung. Von Fleisch allein kann kein

Menſch leben, ſagen wir. „Der Menſch kann auch ohne Pflanzennahrung leben, wie ein fleiſchfreſſendes Thier", ſagen Sie (S. 35).

Schärfer kann der Gegenſatz allerdings nicht klingen. Wodurch aber erhärten Sie Ihren Ehrfahrungsſatz?? Plus sonat quam valet, ſagt Seneca. Sie widerlegen ihn ſelbſt!

a. „Hiſtoriſche Thatſache iſt es, ſo ſagen Sie (S. 35) zum Beweiſe Ihrer Behauptung, „daß ganze Völkerſchaften durch viele Generationen hindurch Leben und Geſundheit mit ausſchließlich" — nun womit benn erhalten haben und noch erhalten? Mit ausſchließlicher Fleiſchnahrung etwa — wie Ihr Hauptſatz behauptet??? Nein, Sie fahren fort: „mit ausſchließlich — oder genauer geſagt, vorwiegend ſtickſtoffhaltiger, andere ebenſo mit vorwiegend kohlenſtoffhaltiger Nahrung erhalten!" Das heißt alſo, ſie haben von gemiſchter Koſt gelebt, und Sie ſetzen ja ſelbſt hinzu: „daraus alſo läßt ſich weder für die eine noch für die andere Seite etwas folgern!"

b. „Aber, fahren Sie fort, wohl legt die Geſchichte Zeugniß dafür ab, daß die höchſten Leiſtungen des Menſchengeſchlechts von Völkern ausgegangen ſind, welche" — nun was benn? ausſchließlich von Fleiſch lebten?? So müßte der Schluß des Satzes bejahend lauten, wenn er den von Ihnen aufgestellten Hauptsatz bestätigen sollte. Und was sagen Sie? — „welche von gemischter Kost lebten und leben," d. h. es spricht für uns und gegen Ihre Behauptung, daß der Mensch ausschließlich von Fleisch leben könne. Sie wissen ja auch viel zu gut, wie mannichfach die Bedingungen sind, unter benen Völker fähig werden an den höchsten Aufgaben der Menschheit mitzuarbeiten!

c. „Die Kirgisen, die Eskimos, sagten Sie (S. 35), liefern noch heutigen Tages Beispiele dafür", nämlich, daß der Mensch ausschließlich von Fleisch leben könne. Wenn es wahr wäre, was Sie nicht gerade behaupten, aber was die Carnivoren sonst gern unterstellen, daß starke Fleischnahrung geistvoll mache, — warum dann nur nicht Kirgisen und Eskimos sich nicht vorzugsweise „an ben großen Aufgaben der Menschheit betheiligen?? Wahrscheinlich, weil doch auch sie nicht ausschließlich von Fleisch" und thierischen Substanzen leben, wie die Ethnographie das Nähere lehrt!

d. „Die Polarzonen, sagen auch Sie, weisen mit einer gewissen Ausschließlichkeit auf thierische Nahrung hin. S. 36. Sie widerlegen es aber auch selbst.

Seite 19 sagen Sie sehr gut: „In Zeiten des Mangels und der Noth greifen die Menschen von Tag zu Tag mehr zu Dingen, welche wenig oder gar keinen Nahrungswerth haben: Baumrinde, Gras, Leber, Knochen werden verzehrt. In Gegenden, wo sich der Mangel regelmäßig wiederholt, bilden sich Gewohnheiten, welche scheinbar ganz unnatürlich sind. Ich erinnere an die Erbesser u. s. w." Ob benn also das, was die Lappländer aus äußerster Noth etwa thun, oder was die Menschen im Zeitalter der Pfahlbauten in unserer Zone thaten, — wirklich ein Fingerzeig für das ist, was der menschlichen Natur am normalsten entspricht??

Seite 21 aber sagen Sie selbst: „Der Arbeiter auf den Hochebenen Norwegens (!!) vollendet sein schweres Tagewerk (!!) bei einer so geringen Menge von Flachbrod und trockenem Käse (!!), daß selbst sehr bescheidene Vorstellungen von dem täglichen Nahrungsbedürfnisse eines Mannes dadurch noch erschüttert werden." Noch schlagendere Beispiele stehen in meiner „Nat. Lebensw." S. 32 und 74. — Sie sagen also, und mit Recht, selbst, daß der Mensch, wie wir behaupten, auch im hohen Norden als Vegetarianer sehr gut bestehen kann!!

e. Ferner benutzen Sie S. 34—35 eine kleine historische Betrachtung zu Gunsten des Fleischesserthums.

Sie geben aber darin zu, daß es, „einzelne bevorzugte Gegenden giebt, in welchen die Natur dem Menschen alle Bestandtheile einer ausreichenden Pflanzenkost verschwenderisch zur Verfügung stellt, wenn es auch nur sehr umschränkte Gebiete, meist kleine Inseln des südlichen Oceans sind, wo der Mensch sich dauernd mit dieser wilden Kost begnügt habe." Sie geben also doch zu, daß dies nicht nur möglich, sondern wirklich gewesen und noch ist!! Wenn Sie nun zugeben, daß vegetarianische Völker des tiefen Südens und des hohen Nordens gesund bestehen, was bedarf es weiter Zeugniß? Und was soll es, wenn Sie S. 27 noch bezweifeln, daß dies angehe, weil die dazu erforderlichen Stoffe „in den meisten Samen und Körnern, Wurzeln, Stengeln und eßbaren Pflanzen" — in so geringer Menge vorhanden seien, daß sie für die Betrachtung im Großen eine nur untergeordnete Bedeutung hätten?"

Wenn Sie überhaupt S. 32 auf bloßes „Können" sich gegen uns berufen — nun der Mensch kann nicht blos Braten essen, er kann auch Menschenfleisch sogar roh verzehren, er kann überhaupt Omnivore sein, das bedarf des Beweises nicht, — aber das ist auch nicht die Frage, sondern die Frage ist, welche Diät ist von des Menschen anatomischer und physiologischer Natur indicirt, und können wir uns (mit Recht) auf sie berufen, wenn wir das Feuer zwar zum Brodbacken und ähnlichen diätetisch-correcten Dingen benutzen, aber nicht zur unnatürlichen Diät!? Wir berufen uns nicht auf ein physisches „Können", sondern auf eine Anzeige der Natur, daß von Verschiedenem, was wir allerdings „können", nur Gewisses von der

Natur, wenn wir so sagen dürfen, gewollt sei. Mit einer Metabase sind wir nicht widerlegt.

Sie sprechen ferner unwillkürlich unsere Sprache, wenn Sie sagen: „Erst der Ackerbau gestattet die Verdichtung des Menschengeschlechts: mit jeder Furche, welche in den Erdboden gezogen wird, gewinnt die Gesellschaft eine neue Nützlichkeit sich zu vermehren und in dieser Mehrzahl zu erhalten. Jäger- und Fischervölker bedürfen vieler Jagd- und Fischgründe, um auch nur einer kleinen Zahl von Menschen das Leben zu sichern. Tausende von ihnen fristen eine kümmerliche und jedem Fortschritt unzugängliche Existenz, auf einem Gebiete, auf welchem der Ackerbau Millionen von Menschen alle Bequemlichkeiten und Sicherheiten nicht blos der körperlichen Erhaltung, sondern auch des geistigen Fortschrittes bietet." Vortrefflich! Und die Consequenz ist, daß der Ackerbau alle diese von Ihnen gerühmten Vorzüge noch steigert, wenn er statt einer carnivorischen eine so viel dichtere frugivorische Bevölkerung nährt; das Nähere hierüber ·siehe in meiner „Nat. Lebensw.", zweiter Band. Wenn Sie nun aber ebenda (S. 35) fortfahren, „der vermehrte Gebrauch pflanzlicher Nahrung gehört daher einem späteren Stadium der Menschengeschichte an, nicht einem früheren" — gegen wen behaupten Sie das? Dem Zusammenhange nach gegen uns Fruchtesser. Aber wer von uns hat denn behauptet, daß erst der Ackerbau, und dann Jäger, Fischer und anderes Nomadenleben ohne Ackerbau sich gefolgt wären??

Wenn wir uns aber gelegentlich auf das alte Indien berufen, welcher Verständige thut es in einem anderen Sinne, als daß wir damit, und mit ähnlichen Berufungen, wie ich sie in meinem Pythagoras gethan, den Zeitgenossen in Erinnerung bringen wollen, daß der Vegetarianismus nicht ein curioser Einfall von gestern ist, sondern eine Sache, die ihre große stetige Geschichte hat und in unseren Tagen sociale Propheten wie Carey, dessen Satz: „der Mensch substituirt allmälig Pflanzenkost für thierische Nahrung" ich zum Motto des zweiten socialen Theiles meines Schriftchens über die nat. Lebensw. wählen konnte?!

f. Endlich sagen Sie zur Erhärtung der carnivoren Natur des Menschen S. 39: „Bei ausschließlicher Fleischkost kann der Körper sich seinen Zuckerbedarf aus dem Fleische herstellen". Ebenso könne er bei ausschließlicher Pflanzenkost das Eiweis aus Wurzeln und Körnern gewinnen, und darin eben liege die wunderbare Vielseitigkeit unseres Organismus.

Ob nun der menschliche Körper bei ausschließlicher Fleischkost seinen Zuckerbedarf aus dieser bereiten kann, weiß ich nicht (es wird wohl nur einige Zeit gehen, denn es wirken noch viele andere Bedingungen mit), ich will es aber gern annehmen, wenn Sie als Sachkenner es mir versichern. Allein damit ist die Frage, ob er davon leben, also gesund leben kann, nichts weniger als entschieden. Die Natur allein ist die Mutter und Priesterin aller chemischen und physiologischen Wahrheit. Wir verlangen die Probe als Beweis. Das Experiment müßte erst Ihre Theorie bestätigt haben, ehe wir Laien uns auch nur überlegen können, ob wir ihr folgen wollen, und das dürfen Sie uns um so weniger verargen, als Sie sich ja selbst auf die Erfahrungen berufen.

Da Sie uns aber, auch nach Ihrer Theorie, vollkommen freie Wahl lassen, „kraft der wunderbaren Vielseitigkeit unseres Organismus", ob wir von Fleisch oder Früchten leben wollen, so kann ich Ihnen versichern, daß wir Alle es vorziehen werden, uns von den schönen Früchten der Erde, statt von den Leichen der Thiere zu nähren, und wir nehmen Act davon, daß Sie diese freie Wahl der Menschheit zuerkennen!!

Inzwischen kann es uns auch um so weniger Kopfzerbrechens machen, da Sie uns die besagte Probe Ihrer Theorie absolut schuldig bleiben. Es giebt unseres Wissens keinen Menschen und hat keinen gegeben, der ausschließlich von Fleisch gelebt, geschweige — gesund gelebt hätte. Wohl aber lehren Sie uns selbst (siehe oben), daß es schon um Menschen, die nur vorwiegend Fleischesser sind, übel bestellt ist, und wir haben genug davon gehört und gesehen, wie sie an Schwindsucht und einem Gefolge vieler Leiden frühe ins Grab — sinken und aussterben, zu geschweigen die falschen Reizungen, zu denen sie stimulirt werden, und in Folge davon psychischen und geistigen Störungen unterliegen. Ausführliches hierüber, hergenommen von den Zeugnissen der ehrwürdigsten wissenschaftlichen und sittlichen Autoritäten, und bestätigt durch eigene Wahrnehmungen, finden Sie, geehrter Herr, in allen vegetarianischen Schriften, z. B. auch in meiner „Nat. Lebensw." Bd. I, Kap. 13. 15; II, Kap. 15—20.

Nebenher kommt es uns doch auch ganz bedenklich vor, daß Sie nichts sagen über den Verbleib des Giftes im Fleische, ja daß Sie von der Fleischbrühe ausdrücklich sagen, „daß sie keine giftige Substanz enthält", S. 51, während Liebig (chemische Briefe 314 f. oder meine Nat. Lebensw. S. 51) sagt, daß dies der Fall sei („das Kreatinin, welches in viel kleinerer Menge als das Kreatin in der Fleischbrühe vorkommt, ist eine starke organische Basis; es reiht sich der Klasse der stickstoffhaltigen organischen Basen des Pflanzenreichs an, zu welcher die furchtbarsten Gifte und wirksamsten Arzneien gehören"). Unsere Sinne geben aber diessalls Liebig Recht, und woher käme denn auch der eigenthümlich erregende Reiz der Fleischbrühe, den Sie ja vollständig anerkennen, wenn nicht dergleichen Elemente darin enthalten wären??

Summa! Vom Standpunkte der Erfahrung aus also steht es fest, daß der Mensch ohne Fleischnahrung gesund leben kann, und daß er bei sonst gleichen Umständen, trotz der Fleischnahrung, wenn sie einen geringen Theil der Nahrung ausmacht, „bestehen" kann, daß er es aber um so weniger kann, je mehr die Fleischnahrung vorwiegt, und daß er ausschließlich von ihr leben, und nun gar gesund leben, nicht kann! Ihre Berufung auf „Erfahrung" zu Gunsten Ihres Satzes, „daß der Mensch ausschließlich von Fleisch leben könne", schlägt mithin zu unserem Gunsten um. Dabei haben wir ganz davon abgesehen, daß Sie die Thatsachen, auf welche wir uns in dieser Hinsicht beziehen (z. B. Nat. Lebensw. I, S. 62 vergl. mit II, 15), unberücksichtigt gelassen haben. Der Eifer aber, mit dem Sie, wie ich oben zu bemerken hatte, gegen den reichlichen Fleischgenuß kämpften, scheint dafür zu sprechen, daß Sie selbst von der Ahnung beseelt sind, die uns licht und klar erfüllt, und die schon die Alten aussprachen, wenn sie das Fleischessen die Angel nennen, die sich tief in die Lüsternheit der Menschen einhäkelt, und von der es sehr schwer ist, wieder loszukommen (καὶ τὸ ἄγκιστρον ἐκβάλλειν τῆς σαρκοφαγίας ὡς ἐμπεπλησμένων τῇ φιληδονίᾳ καὶ διαπεπαρμένων, οὐ ῥᾴδιόν ἐστιν): Plutarch, zweite Rede über das Fleischessen, im Eingange.

Ja neben so alter „Erfahrung" werden Sie uns Laien gestatten, daß wir uns auch auf eine alle Tage neue Erfahrung berufen. Haben wir Menschen uns nämlich krank gegessen, getrunken, geraucht, gewürzt u. s. w., so kommen ja die Herren Aerzte und neben allerlei Mitteln sehr verschiedener Art verordnen sie uns **einmüthig eine Diät, die ohngefähr die unsere ist, nur unkräftiger, und durch diese werden wir wieder gesund**. Wenn aber unsere Diät das Mittel ist, in vielen Fällen gesund zu werden, so wird sie, je **normaler sie artet, wohl auch das Mittel sein, gesund zu bleiben**, wenigstens ist das so unser Aller vegetarianische „Erfahrung", und sie ist nicht von gestern, denn schon sehr alte Stimmen bestätigen sie uns, z. B. Porphyrius, der in diesem Sinne der natürlichen Lebensweise sagt: wodurch man gesund wird, dadurch bleibt man es auch (δι' ὧν γὰρ ὑγεία ἀνακτᾶται, διὰ τούτων καὶ διαμένει); gesund wird man aber durch mäßige fleischlose Diät (ἀνακτᾶται δὲ διὰ τῆς λεπτοτάτης καὶ ἀσάρκου διαίτης) de abst. I, 52.

Sechster Brief.

Ihr Hauptbedenken, geehrter Herr, ist gegen unsere Berufung auf die natürliche Organisation des Menschen gerichtet, von der wir sagen, sie zeige an, daß der Mensch von Natur Fruchtesser sei. „Wir müssen anerkennen, sagen Sie S. 31, daß manche Gründe der Vegetarianer recht bemerkenswerth sind. Vor Allem berufen sie sich auf die natürliche Organisation des Menschen selbst, zumal auf die Einrichtung seines Gebisses und seiner Verdauungswerkzeuge."

Untersuchen wir nun Ihre Einwendungen.

1. Sie sagen: „Freilich sind diese (nämlich Gebiß und Verdauung) von denen der eigentlichen Pflanzenfresser unter den Thieren, den Wiederkäuern und Nagern mehr verschieden als von denen der Fleischfresser. Aber es giebt, namentlich unter den höhern Affen, eine gewisse Zahl von Arten, welche als Frucht-

fresser (Frugivoren) unterschieden werden, und diesen, sagt man, stehe der Mensch mit seinen Verdauungswerkzeugen so nahe, daß man ihn gleichfalls als eigentlichen Fruchtesser bezeichnen müsse". S. 31.

Nun gut! Sie stellen das zwar noch als zweifelhaft hin, aber was finden Sie einzuwenden?

Zunächst wenden Sie ein (S. 31) — — daß, wenn dies entscheidend wäre, nicht abzusehen sei, warum die Vegetarianer gelegentlich auch Milch, Butter, Käse genössen! — Ei nun, warum kommen Sie auf eine „Inconsequenz" denn zurück, von der Sie oben (S. 31) „absehen wollten", und mit Recht: denn was thut es zur Sache, ob Einer inconsequent ist? Andere sind es nicht, und hier ist nur die Frage, wozu hat die Natur uns indicirt? Die ersten Menschen hatten doch wohl noch keine Butterwirthschaft.

2. Eine ernsthaftere Einwendung folgt schon auf derselben Seite. „**Man beruft sich,** sagen Sie, **mit großer Zuversicht auf den berühmtesten vergleichenden Anatomen, auf Cuvier, als auf einen vollgültigen Zeugen. Nicht mit Unrecht, denn Cuvier erkennt die Naturanlagen des Menschen unbefangen an.**

Ist das ein Einwand oder eine Bestätigung? Sie vermögen Ihrem Anerkenntniß nur die Bemängelung anzuhängen, daß Cuvier auch gesehen, wie der Mensch durch seinen Verstand zu einer höhern Kultur, als sie der Natur- oder Urzustand darbietet, befähigt wurde, wie sein Geist ihm über seine natürliche Organisation hinausgeholfen, wie er sich das Gebiet seiner Nahrungsmittel in dem Maße erweiterte, als er die Kunst ihrer Zubereitung entdeckte, kurz, wie er nach Grave's Ausdruck „das einzige kochende Thier" geworden, S. 31—32, und daß Cuvier nur Schädel jüngerer Affen gekannt (S. 32).

Hier, geehrter Herr, vermischt sich Vieles und das verdunkelt die Sache. Trennen wir es, um es deutlich zu machen.

Sie werden mir zugeben, daß wir so wenig als Cuvier mißkennen, wie der Mensch vor dem Affen den höhern Verstand hat, der ihn unter Anderem befähigt, das Gebiet seiner Nährmittel zu erweitern. Hierüber ist doch wohl kein Streit. Auch die Vegetarianer brauchen ihren Verstand ganz in der angegebenen Weise. Sie müssen sie nur nicht etwa wieder inconsequent nennen, wenn Einzelne dennoch die Küche verschmähen, und den Beweis liefern, daß man, wenn es sein muß, die Früchte auch roh essen kann, oder wenn gar, wie Sie selbst S. 34 mit Recht erzählen, in glücklicheren Klimaten ganze Stämme das thun.

So bleibt als Einwand hier nur die Bemängelung, daß wir uns nicht mit vollem Recht auf Cuvier berufen.

Aber wir müssen unsere Berufung vollständig aufrecht erhalten. Denn was Sie hinzufügen, als seine

Erkenntniß, hebt ja nicht auf, daß er erkannte, die anatomische Natur des Menschen weise ihn unter die Fruchteſſer! Sie werden es nicht tadeln können, wenn z. B. einer Ihrer berühmten Collegen, Prof. Joly, der ſelbſt kein Vegetarianer iſt, ihn doch den Vertretern der carnivoren Menſchennatur gegenüber als einen ſolchen anführt, der **rund und glatt anerkennt, daß der Menſch von Natur nicht carnivor, ſondern frugivor iſt.***) Die Gründe, die Kennzeichen, welche er hierfür angiebt, laſſen ja gar keinen andern Schluß zu!! Es iſt wie wenn der berühmte **Flourens** zu dem Ergebniß kommt, der Menſch habe ein doppeltes Nährſyſtem: **ein natürliches, urſprüngliches, inſtinctives, kraft deſſen er Fruchteſſer iſt,**

---

*) M. N. Joly: J. A. Gleizes et le régime des herbes, S. 11 ſagt: Consultez Helvetius ou Buffon; tous deux vous affirmeront que l'homme est né carnivore. Ouvrez „le Règne animal" de Cuvier, et vous y lirez ce qui suit: „L'homme paraît fait pour se nourrir principalement de fruits, de racines et d'autres parties succulentes des végétaux. Ses mains lui donnent la facilité de les cueillir; ses mâchoires courtes et de force médiocre, d'un coté; ses canines égales aux autres dents, de l'autre, ne lui permettraient guère ni de paître de l'herbe, ni de dévorer de la chair, s'il ne préparait ses aliments par la cuisson etc. (Règne animal,, I pag. 86, ed. 1). Wir geben die Stelle hier originaliter, weil man anderwärts unſere ganze Berufung auf **Cuvier** als eine untergeſchobene zu bezeichnen ſich erlaubt hat.

und ein künstliches, ganz auf seiner Einsicht beruhendes, kraft dessen er Omnivore ist.*) Das ist ja, was auch wir behaupten, die physische Natur, die Organisation, weist den Menschen auf den Genuß der Früchte an, nicht auf den der Gräser, noch auf den der Thiere. Wie weit er, kraft seines Verstandes, sein Nährsystem ausdehnen solle, das ist eine zweite Frage, für deren Beantwortung die erste eben erst festzustellen ist. Wir meinen aber, wenn ein Flourens, ein Cuvier die Ansicht hatten, auf welche Sie so hohes Gewicht legen, so sind sie nur doppelt werthvolle Autoritäten für die Hauptansicht, auf die wir uns beziehen, weil sie zeigen; daß sie ihre Ansicht von der frugivoren Grundnatur des Menschen durch nichts verdunkeln ließen! Doch auch Sie können uns ja „nicht Unrecht geben" mit unserer Berufung auf „den berühmtesten vergleichenden Anatomen, Cuvier!"

Gern aber füge ich noch hinzu, damit wir nicht anderwärts in den Geruch des Autoritätsglaubens

---

*) Ecoutez, ruft Joly a. a. O., S. 12, à cet égard le célèbre auteur d'un livre, qui à fait naguère sensation dans le monde; écoutez le savant secrétaire perpétuel de l'Institut (folgt die Schilderung, welche schließt: l'homme a donc deux régimes: un régime naturel, primitif, instinctif, et par celui-là est frugivore; et il a un régime artificiel, dû tout entier à son intelligence, et par celui-ci il est omnivore (Flourens, de la longévité humaine, p. 135).

kommen, daß wir auch ohne Cuvier demselben Grundsatz folgen würden, denn über Cuvier steht die Mutter Natur selbst, und jeder Unbefangene, der aufrichtig von ihr lernen will, braucht nur einmal z. B. einem Hunde und einem Pferde in den Rachen zu sehen und ihr Gebiß mit dem eigenen zu vergleichen, um sehr genau zu wissen, in welche der drei Klassen er selbst von Natur gehört, ob zu den Fleischfressern, zu den Grasfressern oder — zu den Fruchtessern.

3. „Auch das Schwein und der Bär, sagen Sie weiter S. 32, zeigen in der Einrichtung ihrer Kau- und Verdauungswerkzeuge manche Aehnlichkeit mit dem Affen und Menschen. Nichts desto weniger sind sie in ihrer Nahrung an keine bestimmte Gruppe von Stoffen gebunden. Sie machen alle Uebergänge von reiner Pflanzenkost zur thierischen Nahrung. Keines dieser Thiere, auch kein einziger Affe, stimmt in seiner Bezahnung ganz mit dem Menschen überein." Und in der Anmerkung fügen Sie hinzu: „statt der wenig zutreffenden Abbildungen, welche Baltzer aus verschiedenen Werken zusammengestellt hat, möge man diejenigen vergleichen, welche Huxley (Zeugnisse ꝛc. Braunschweig 1863 Seite 93) nach der Natur gegeben hat."

Was nun „Schwein und Bär" anlangt, so zeigt ihr bei uns glücklicher Weise nicht unbekanntes Gebiß, daß sie allerdings „den Uebergang von der Pflanzenkost zur thierischen Nahrung machen" — aber was folgt daraus? Ist unser menschliches Gebiß ihnen ähnlich, daß wir daraus einen Fingerzeig der Natur entnehmen könnten? Oder sollen wir kraft unseres Verstandes, der unser Nährreich zu erweitern gestattet, gerade Bär und Schwein uns zum Muster nehmen?

Was aber die mich direct berichtigen sollende Anmerkung betrifft, so scheint sie nur so verstanden werden zu können, als hätte ich gesagt, daß „der Affe hinsichtlich seiner Bezahnung ganz mit dem Menschen übereinstimme."

Dies habe ich nicht gesagt. Das Gegentheil steht in Wort und Bild meiner von Ihnen angeführten Schrift S. 24 ff. — —

Ob meine Bilder weniger „zutreffend" sind, als die von Huxley, will ich meinen Lesern gern überlassen zu beurtheilen. Ich glaube es deßhalb nicht, weil meine Bilder den Ober- und Unterkiefer zusammen darbieten, und gerade hierin die Charakteristik anschaulicher wird, als wenn man, wie Huxley, nur die Oberkiefer abbildet. Ich folgte dabei den bei uns bekannten Autoritäten Carl Vogt, Oken, Burmeister und Milne-Edwards in getreuer Nachbildung. Zur Vergleichung und allfälliger Ergänzung aber habe ich diesen Blättern eine ganz genaue Nachbildung auch des Huxley'schen Zähnebildes beifügen lassen.

Zur Sache selbst gestatten Sie mir für meine Leser hier einzuschalten, daß das Huxley'sche Werk,*) obwohl und vielleicht gerade weil es nicht unter dem Gesichtspunkte der hier verhandelten Frage geschrieben ist, eine ausgezeichnete Bestätigung unseres vegetarianischen Princips ist.

Huxley liefert nämlich die wissenschaftlichen Beweise, daß die anatomischen Unterschiede zwischen Mensch und den menschenähnlichsten Affen, namentlich dem Gorilla, geringer sind als die anatomischen Unterschiede zwischen diesen und den niederen Affen. Er führt diese Beweise ausführlich durch, besonders mittelst Vergleichs der beiderseitigen Entwickelungen überhaupt, der Wirbelsäule, des Beckens, des Schädels, des Gehirns, des Fußes sogar. In diesem Zusammenhange sagt er dann hinsichtlich des Gebisses wörtlich:**) „Im Anschluß an den Schädel will

---

*) Zeugnisse für die Stellung des Menschen in der Natur. Drei Abhandlungen: Ueber die Naturgeschichte der menschenähnlichen Affen. Ueber die Beziehungen des Menschen zu den nächst niederen Thieren. Ueber einige fossile menschliche Ueberreste. Von Thomas Henry Huxley. Aus dem Englischen übersetzt von J. Victor Carus. Braunschweig 1863. (1 Thlr.)

**) Siehe die beigefügte Tafel Abbildungen. Sie stellen dar „die Seitenansicht der Oberkiefer verschiedener Primaten (Mensch und menschenähnlichster Affen) von gleicher Länge. i Schneidezähne, c Eckzähne, pm falsche Backzähne, m Backzähne. Durch den ersten Backzahn des Menschen, Gorilla, Cynocephalus

ich von den Zähnen sprechen, Organe, die einen eigenthümlichen klassificatorischen Werth haben, und deren Aehnlichkeiten und Verschiedenheiten an Zahl, Form und Aufeinanderfolge, als ein Ganzes genommen, gewöhnlich für zuverlässigere Zeichen der Verwandtschaft betrachtet werden, als irgend welche andere."

„Der Mensch wird mit zwei Folgen von Zähnen versehen, — Milchzähne und bleibende Zähne. Die ersteren bestehen aus vier Incisoren oder Schneidezähnen, zwei Eck- oder Augenzähnen (Hundszähne, canini) und vier Backzähnen oder Mahlzähnen in jeder Kinnlade, was zusammen 20 giebt. Die letzteren (siehe Abbildung) umfassen vier Schneidezähne, zwei Eckzähne, vier kleine Backzähne, falsche Mahlzähne Praemolare genannt, und sechs große Back- oder Mahlzähne in jeder Kinnlade, was in Allem zwei und dreißig macht. Die inneren Schneidezähne sind größer als das äußere Paar im Oberkiefer, kleiner als das äußere Paar im Unterkiefer. Die Kronen der obern Mahlzähne zeigen vier Höcker oder stumpferhabene Spitzen und eine Leiste geht quer über die Krone vom innern

---

und Gebus ist eine Linie gezogen, und die Kaufläche des zweiten wahren Backzahnes ist bei jedem besonders gezeichnet, wobei der vordere und innere Winkel gerade über dem m in der Bezeichnung „m²" steht.",

vordern Höcker zum äußern hintern (Fig. m²). Die vordern untern Mahlzähne haben fünf Höcker, drei außen, zwei innen. Die falschen Backzähne haben zwei Höcker, einen äußern und einen innern, von denen der äußere höher ist."

„In allen diesen Beziehungen kann das Gebiß des Gorilla mit denselben Worten beschrieben werden, wie das des Menschen; in andern Punkten aber bietet es viele und bedeutende Verschiedenheiten dar (siehe Figur)."

„So bilden die Zähne des Menschen eine regelmäßige und ebene Reihe, ohne irgend eine Unterbrechung und ohne irgend ein merkliches Vorspringen eines Zahnes über die Reihe der übrigen, eine Eigenthümlichkeit, welche wie Cuvier schon vor langer Zeit bemerkte, von keinem andern Thier getheilt wird, mit Ausnahme eines einzigen, und zwar eines vom Menschen so verschiedenen Geschöpfes, als man sich nur einbilden kann, nämlich von dem längst ausgestorbenen Anoplotherium. Die Zähne des Gorilla zeigen dagegen eine Unterbrechung oder einen Zwischenraum, Diastema genannt, in beiden Kinnladen: im Oberkiefer vor dem Augen- oder Eckzahn, oder zwischen ihm und dem äußern Schneidezahn; im Unterkiefer hinter dem Augen- oder Eckzahn, oder zwischen ihm und dem vordersten falschen Backzahn. In diese Unterbrechung der Reihe paßt in jedem Kiefer der

Eckzahn des entgegengesetzten Kiefers ein; dabei ist die Größe des Eckzahns beim Gorilla so groß, daß er wie ein Stoßzahn weit über das Niveau der andern Zähne vorragt. Ferner sind die Wurzeln der falschen Backzähne beim Gorilla complicirter als beim Menschen und die relative Größe der Backzähne ist verschieden. Der Gorilla hat am hintersten Mahlzahn des Unterkiefers eine complicirte Krone und die Reihenfolge des Durchbrechens der bleibenden Zähne ist verschiedener; die bleibenden Eckzähne erscheinen vor den zweiten und dritten Backzähnen beim Menschen, beim Gorilla aber nach ihnen."

„Während daher die Zähne des Gorilla denen des Menschen in Zahl, Art und in der allgemeinen Form ihrer Kronen sehr ähnlich sind, bieten sie in den untergeordneten Punkten, wie der relativen Größe, Zahl, Wurzeln und Reihe des Auftretens ausgeprägte Verschiedenheiten dar."

In ähnlicher Ausführlichkeit wendet sich Huxley nun den Aehnlichkeiten und Unterschieden bezüglich der andern höhern Affen zu, findet z. B., daß „Zahl und Art der Zähne beim Pavian dieselben bleiben wie beim Gorilla und Menschen", findet ferner, daß bei den Lemuren „die Schneidezähne in Zahl und Form zu variiren beginnen, die Backzähne immer mehr den vielspitzigen Charakter der Insectenfresser erhalten, und in einer Gattung, dem Aye=Aye (Cheiromys) die

Eckzähne ganz verschwinden und die Zähne völlig denen eines Nagethieres gleichen (siehe Figur)" und gelangt so zu folgendem Schluß:

„Hieraus ist dann ersichtlich, daß das Gebiß des höchsten Affen, so weit es auch von dem des Menschen verschieden ist, doch noch viel weiter von dem der niedern oder niedersten Affen abweicht."

„Welchen Theil des thierischen Baues, welche Reihe von Muskeln, welche Eingeweide wir auch immer zur Vergleichung auswählen möchten, das Resultat würde immer dasselbe sein, die niedern Affen und der Gorilla würden verschiedener von einander sein, als der Gorilla und der Mensch."

Hätte Huxley nun überhaupt die Frage sich zur Beantwortung gestellt, auf welche Nährweise deutet die anatomische Natur jener höhern Affen und des Menschen hin, so folgt aus seinen Prämissen, daß er hätte sagen müssen, sie gehören zur Familie der Frugivoren. In Folge dessen sagt er auch gelegentlich vom Chimpanze: „die starke Entwickelung der Eckzähne beim Erwachsenen möchte eine Neigung zur Fleischnahrung anzudeuten scheinen, aber in keinem Falle, mit Ausnahme der Zähmung, zeigen sie dieselbe." S. 50. Oder vom Orang-Utang: „Feigen, Blüthen, junge Blätter verschiedener Art machen die Hauptnahrung des Orangs aus, es wurden aber auch zwei oder drei Fuß lange Bambusstreifen im Magen eines Männchens gefunden. Man weiß nicht, daß sie lebendige Thiere verzehrten." S. 42. Auch der Gorilla, der menschenähnlichste, lebt von Früchten. S. 57. Nebenbei bemerkt: Die Kraft dieser Affen ist, wie bekannt, wahrhaft ungeheuer!! Und das ohne Fleischessen?!

Beim Vergleich des Gehirns (S. 117) kommt Huxley zu dem Satz: „Systematisch betrachtet sind die Differenzen im Gehirn bei Menschen und Affen nur von generischem Werthe, seine Familienmerkmale liegen hauptsächlich in seinem Gebiß, seinem Becken und seinen untern Extremitäten."

Und S. 124: „Ich habe zu zeigen gesucht, daß zwischen uns und der Thierwelt keine absolute Linie anatomischer Abgrenzung gezogen werden kann, die breiter wäre, als die zwischen den unmittelbar auf uns folgenden Thieren; und ich will auch mein Glaubensbekenntniß hinzufügen, daß der Versuch, eine psychische Trennungslinie zu ziehen, gleich vergebens ist, und daß selbst die höchsten Vermögen des Gefühls und Verstandes in niedern Lebensformen zu keimen beginnen!"

Hiermit sei Huxley, der gleich darauf eine warme Apologie des Menschenthums folgen läßt, meinen Lesern bestens empfohlen.

Wenn wir aber schließlich unsern Blick auf sein Zähnebild werfen (siehe Anlage), so wissen wir freilich, daß diese Gebisse alle zusammen keinen Fleischfressern angehören, sondern daß sie den Uebergang vom Menschen, als reinsten Fruchtesser, bis zum Insectenfresser darstellen. Wenn wir aber fragen, welches dieser Gebisse wohl am ersten dafür gehalten werden könnte, einem Fleischfresser anzugehören, so würde Jeder auf jene rathen mit den langen Stoß- oder Reißzähnen (Nr. 2—5), aber nicht auf das oberste (Nr. 1), d. h. nicht auf das menschliche!

Wenn Sie bezüglich Cuvier's schließlich (S. 33) sagen, daß sein Urtheil wahrscheinlich anders ausgefallen wäre, wenn zu seiner Zeit schon vollkommen ausgewachsene Thiere dieser Art in Europa bekannt gewesen wären, so können wir das nicht glauben.

Cuvier (geb. 1769, studierte mit Schiller in Stuttgart) gab sein Règne animal 1817 heraus, zum zweiten Male 1829 und starb 1832.

Wenn nun Cuvier in diesem Werke durch Betrachtung „der Verhältnisse aller Theile" zu dem (später bestätigten) Schlusse gelangte, „daß der Pongo der erwachsene Orang-Utang sei" oder „wenigstens eine sehr nahe verwandte Art",*) so ist nicht anzunehmen, daß ihm die Unterschiede zwischen jungen und alten Affen sollten völlig unbekannt geblieben sein, zumal schon Buffon nicht blos den jungen Chimpanze,

---

*) Hurley a. a. O. S. 22.

sondern auch den Gibbon (hylobates), und zwar in „erwachsenem" Zustande, hier in Europa in seinen Besitz bekam, und schon 1766 davon in seinen Werken erzählt.*)

Wäre das aber auch nicht der Fall, so ist doch zu bedenken, daß ein junger Affe doch immer ein Affe ist, und wenn er dem Menschen in Bezug der Zähne so außerordentlich ähnlich ist, so bleibt doch auch diese Thatsache für unsern Zweck mit Recht anrufbar!

Freilich sind die heutigen Beobachtungen viel vollkommener. Wenn aber Cuvier bei unvollkommener Beobachtung doch richtige Schlüsse zog aus richtigen Prämissen, ist darin nicht eben jene Genialität erkennbar, die ihn zum „größten vergleichenden Anatomen" machte?

Aus welchen Thatsachen aber schließt Cuvier? „Der Mensch, sagt er, scheint gemacht zu sein, um sich von Früchten, Wurzeln und andern saftigen Pflanzentheilen zu nähren" — und er führt nun als Gründe an:

„Seine Hände gewähren ihm die Leichtigkeit sie zu pflücken."

„Aber seine kurzen und mäßig starken Kinnladen einerseits, die den übrigen Zähnen gleichenden Eckzähne und die höckerigen Backzähne andererseits wür-

---

*) Hurley a. a. O. S. 15.

den ihm nicht wohl erlauben Gras zu essen oder Fleisch zu zerreißen..." — — —

"Seine Verdauungsorgane sind den Kauorganen entsprechend, sein Magen ist einfach, sein Darmkanal von mäßiger Länge, seine Dickdärme scharf abgesetzt, seine Leber blos in zwei große und einen kleinen Lappen getheilt und sein Netz hängt vor den Gedärmen ins Becken hinab." (Vergleiche Anmerkung S. 45.) Was ändert sich an diesem logischen Gebäude, ob auch das Gebiß des alten Affen etwas anders als das des jungen wird???

Was nun, geehrter Herr, die Bedenken anlangt, welche Sie S. 33 ff. nachfolgen lassen, so sind diese leicht zu erledigen.

4. Sie finden zwar die Hunter'sche Bemerkung, daß die fleischfressenden Thiere das „kürzeste Maul" hätten 2c. „von großer Wichtigkeit." Allein ich verzichte darauf, an diese Aeußerungen ernsthafte Fragen zu knüpfen. Die Bestialität ist wohl bei den langkieferigen Pflanzenfressern und bei den kürzerkieferigen Fleischfressern gleich sehr zu finden und es erscheint mehr als bedenklich, die Antibestialität des Menschen darauf zu gründen, daß er etwa das „kürzeste Maul" habe wie die Fleischfresser, und daß er darum Beruf habe Omnivore zu werden. Hunter spricht rein objectiv vom Grasfresser und vom Fleischfresser, gar nicht vom Fruchtesser.

5. Wenn Sie S. 34 sich auf einen amerikani=
schen Zahnarzt berufen (Quillen), der aus der
Structur der Zähne des Menschen zeigen wollte, daß
dem Menschen von Natur gemischte Nahrung zu=
komme, so beweist Ihnen Huxley's genaue Zahnbe=
schreibung gerade das Gegentheil, und Sie verweisen
uns ja selbst auf ihn. Quillen zeigt nichts, als das
Vorhandensein gewisser untergeordneter Verschieden=
heit in der innern Structur der Menschen= und Thier=
zähne (die wieder Niemand bestreitet). Aber wie
groß diese Verschiedenheiten sind, in welchem Grade
sie darauf hinweisen, ob unser Gebiß mehr einer Mahl=
mühle, wie beim Fruchtesser, oder einer Scheere gleiche,
wie beim Fleischfresser, darüber ist jede weitere Nach=
forschung überflüssig, wenn man nicht Eulen nach
Athen tragen will. Gewiß wollten Sie selbst auch
nur darauf aufmerksam machen, daß man in der
That solche untergeordnete Verschiedenheiten in der
Structur der Zähne findet, die man, wenn auch mit
Unrecht, zur Rechtfertigung des Omnivorenthums be=
nutzt hat.

Sie werden, geehrter Herr, also es in der Ord=
nung selbst finden müssen, wenn wir mit „dem be=
rühmtesten vergleichenden Anatomen", mit Cuvier,
bei der Thatsache stehen bleiben: Die Natur hat uns
Menschen zum Fruchtesser bestimmt.

Siebenter Brief.

Es pflegt so zu sein, daß man bei unklarer Erkenntniß eines Gegenstandes eine Menge Gründe für und wider auffindet, die aber alle das Gefühl der Mißbefriedigung zurücklassen. Die Wahrheit ist eben einfach wie die Natur und klar wie der Tag. Zu den im vorigen Briefe erörterten Bedenken, welche Sie gegen die „natürliche Lebensweise" geltend machten, treten noch zwei, welche Sie mir erlauben in der Kürze zu berühren.

1. Sie klagen, wie wir gesehen, einerseits, daß man den falschen Gewöhnungen der heutigen Welt kaum widerstehen könne, aber andererseits bauen Sie selbst die Brücke von der Natur zur Unnatur durch eine, wie mir scheint, sehr bedenkliche Lehre. Es ist die Lehre vom Gift.

Sie sagen (S. 42), der Begriff des Giftes ist bekanntlich ein sehr relativer: es giebt kein einziges absolutes Gift, d. h. keinen Körper, der in jeder beliebigen Menge wirkend giftige Eigenschaften besitzt. Vielmehr tritt derjenige Grad der Schädlichkeit, welchen wir als giftig bezeichnen, immer erst bei einer gewissen Größe der angewendeten oder der wirkenden Menge ein."

Wenn dieser Satz **absolut** richtig wäre, so wäre auch die Consequenz richtig, daß wir nach der praktischen Formel „ein Wenig schadet nicht" alle die Gifte schließlich in Massen ohne Schaden in den Körper einführen könnten, von denen Sie doch selbst sagen, daß sie thatsächlich so schädlich sind!

Der obige Satz ist aber nur **relativ** richtig. **Jedes Atom wirkt nach der in seiner Wesenheit liegenden Eigenschaft.** Wenn eine für uns giftige Substanz in unsern Körper so eintritt, daß sie ihre Wirkungen überhaupt äußern kann, so scheinen mir zwei Fälle möglich. Entweder sie wirkt so stark, daß wir ihre Wirkung inne werden — und solche Dinge nennen wir dann Gift — oder dieselbe Substanz in demselben Falle gedacht, nur in geringerer Quantität, wirkt nicht so stark, daß wir eine Empfindung davon haben. Ist in diesem Falle aber überhaupt keine Wirkung da?? Gewiß ist sie da; sonst wäre sie auch nicht da, wenn wir ein Atom desselben Stoffes mehr nehmen. Aber die Wirkung ist verhältnißmäßig gering und nicht wahrnehmbar.

Wenn nun aber eine solche Wirkung da ist, so ist

anzunehmen, daß sie bei vielfacher Wiederholung zuletzt in ihrer Gesammtwirkung auch wahrnehmbar, ja empfindlich, ja zerstörend und tödtlich werden kann. Die Erfahrung lehrt, daß so alle langsamen Vergiftungen zu Stande zu kommen pflegen.

Gewiß darf ich soweit auf Ihre Zustimmung rechnen. Dann ist aber auch klar, daß wir Ursache haben uns dem Genuß solcher Substanzen, durch welche wir uns langsam vergiften, so viel als nur irgend möglich zu entziehen, zumal wenn es Substanzen sind, die in das Reich der „entbehrlichen" Genußmittel gehören!!

Sie sagen nun zwar: „auch ist bekannt, daß der menschliche Körper sich an Gifte so weit gewöhnt, daß Mengen, welche früher einen sehr nachtheiligen Einfluß ausübten, nach häufiger Wiederholung keine gleiche Wirkung mehr hervorbringen. So erklärt es sich, daß Mancher über diese „langsame Vergiftung" lächelt, gleichsam als wenn die Gewöhnung über alle Schädlichkeiten hinausführte." Aber gewiß wollten Sie hiermit nur den Irrthum zerstören, als fänden nicht solche „Schädlichkeiten" dennoch statt, die mindestens eine negative Bedeutung haben, und in Verbindung mit ähnlichen solchen „Schädlichkeiten" latenter Art plötzlich sich und in tausenderlei Formen höchst zerstörend bemerkbar machen.

Wie wenig wir uns also bei dem Nichtwahrnehmen giftiger Wirkungen beim ein- oder mehrmaligen Genuß bedenklicher Substanzen beruhigen dürfen, das bestätigen Sie ja auch ausdrücklich und sagen (S. 43): „Auf der andern Seite sollte man nicht vergessen, daß gewisse Naturen sich eben nicht gewöhnen; auf sie wirken Kaffee und Thee als Reizmittel in eben so nachhaltiger Weise, wie auf Andere Tabak und Alkohol und der wiederholte Gebrauch führt bei ihnen eben **nicht zur Abstumpfung, sondern unmittelbar zu einer langsamen Vergiftung.**" (!!)

Also **„Abstumpfung" oder „langsame Vergiftung"**! — Das ist die Wahl, welche Sie lassen! Wenn nun, wie Sie zugeben, in den herrschenden „Genußmitteln" Gifte sind, ist es dann nicht vernünftig, ist es nicht Pflicht sich ihrer absolut zu enthalten, zumal sie zu unserer gesunden Ernährung übrigens nichts beitragen? Wir Vegetarianer — **sagen und thun das**! Sie aber gelangen, ich weiß nicht durch welche Schlußfolge, zu dem Ergebniß, daß man doch — „dem Bedürfnisse" einige Concessionen machen müsse!

2. Eben diese „Bedürfnißfrage", die in der communalpolitischen Welt unserer Zeit eine für viele so verhängnißvolle Rolle spielt, bildet auch in Ihrer vorliegenden Schrift einen dunklen Punkt.

Sie consumiren sich S. 40 in dem frommen Wunsche, daß Alle sich in dem Satze verständigen möchten, daß die gemischte Kost „dem Bedürfnisse" der heutigen Menschen am besten entspricht! Was ist „Bedürfniß"??

Aber S. 50 klagen Sie ja, daß „ein kranker Zustand" die heutige Welt beherrsche, daß die Mißbräuche uns beherrschen, weil der traurige Zustand der Gesellschaft „das Bedürfniß" immerfort wach erhält, daß das aber keine natürlichen, sondern „künstliche Bedürfnisse" seien, denen „nur durch die Reform der Gesellschaft begegnet werden kann"!!! Was ist denn nun „natürliches" und was „künstliches" Bedürfniß? Eben da sprechen Sie beispielsweise vom Bier. „Bei den bitteren Bieren komme freilich zum Alkohol noch das Lupulin, der Hopfenstoff hinzu, eine gleichfalls giftige Substanz. Aber glücklicher Weise seien beide in geringer Menge darin erhalten, und zu ihnen geselle sich Zucker und andere Nähr- und Heizstoffe in größerer Menge. Das Schädliche werde gewissermaßen (!) durch das Nützliche im Schach gehalten, und nur ein Uebermaaß des Genusses bringt die Schädlichkeiten (siehe oben!) zur Herrschaft." — Ist es denn nun ein „natürliches" oder ein „unnatürliches Bedürfniß", durch solchen Giftgenuß sich „abzustumpfen" oder „langsam zu vergiften", um Ihre eigenen Worte zu brauchen?!?

Sie schildern S. 43 die Größe und Allgemeinheit des Triebes nach Genußmitteln, der die heutige Welt bewegt und rufen: „Ist nicht etwas Dämonisches in diesen Dingen?" Sie wollen als „nüchterner Naturforscher" das Dämonische nicht außer ihm, sondern im Menschen selbst suchen. Sehr wohl! Aber, fahren Sie fort, dann eben „kann die Allgemeinheit und Beständigkeit des Gebrauchs von Genußmitteln doch nur als der Ausdruck eines Bedürfnisses und somit einer Nothwendigkeit aufgefaßt werden"! Und so apostrophiren Sie uns mit dem Ausruf „vom Wein bis zum Kumys, vom Opium bis zum Fliegenschwamm, vom Thee bis zu den Orangeblättern, vom Kaffee bis zur Cichorie, vom Asand bis zum Schnittlauch, vom Zimmt bis zum Kalmus — welche unendliche Mannichfaltigkeit von Genußmitteln, welche erstaunliche Fülle von Surrogaten! Ist das Alles Mißbrauch, Verirrung, Sünde, Verbrechen gegen sich selbst?!"

Ei, ei, wo bleibt der „nüchterne Naturforscher", der statt übertreibend von Sünde und Verbrechen lieber von der Krankheit reden sollte, die der Virchow von S. 50 ja sehr wahr gekennzeichnet hat?! Und mitten in diesem Taumel vom Opium bis zum Asand u. s. w. der Satz: „es ist Bedürfniß und somit eine Nothwendigkeit?" Wo bleibt da der Virchow, der S. 50—51 „die künstlichen Bedürfnisse", welche „den krankhaften Zustand der Bevölkerungen" begründen, durch eine Reform der Gesellschaft beseitigt wissen will?? Doch genug von dieser mouche volante.

Achter Brief.

Darf ich Sie, verehrter Herr, noch ein wenig in Anspruch nehmen? Sie werden gefunden haben, daß die Vegetarianer nichts weniger als eine Knakische Secte sind, und so haben Sie vielleicht noch eine kurze Gedulb zu einem Worte im Vertrauen. Sie vermuthen bei uns, zur Erklärung der abnormen Erscheinung, entweder eine Dosis religiösen Aberglaubens, oder eine Monomanie oder des etwas. Darf ich Ihnen aber vertrauen, worin unser Zauber steckt, der uns so feste Ueberzeugungen giebt? Es ist die Unmittelbarkeit der Natur. Nennen Sie es ben Instinkt, der sich an der Natur corrigirt und seiner selbst im erkannten Naturgesetz bewußt wird, — oder nennen Sie es wie' Sie sonst wollen. Laffen Sie mich es im Kleinen, an einer einzigen Einzelnheit exemplificiren und mit einigen Bemerkungen begleiten.

Sie sagen S. 18: „Wenn die Anhänger der

Pflanzennahrung mit einem gewissen Abscheu davon sprechen, wie die thierischen Stoffe im Körper fauliger Zersetzung unterliegen und der Mensch sich durch Genuß zu einem Gefäße der Fäulniß mache, so kann mit gleichem Rechte den pflanzlichen Stoffen vorgeworfen werden, daß sie Gelegenheit zu Gährungsprozessen geben und daß diese Gährung sich weithin im Darm fortsetzt." Sie erläutern das S. 18—19 des Näheren.

Ich bin weit entfernt hiergegen eine sachliche Einwendung zu machen. Allein Sie machen uns Vegetarianern doch einen Vorwurf daraus, daß wir carnivorische Verdauungsthatsachen, die Sie ja anerkennen, gelegentlich mit dem rechten Namen bezeichnen, den Sie angeben. Eben deshalb bieten Sie uns das Paroli mit dem „Gährungsprozesse" u. s. w., und das „mit gleichem Rechte" soll beim Leser jedenfalls die Vorstellung erwecken, daß wir also in diesem delicaten Punkte quitt wären.

Ich würde nun an Ihrer Wahrheitsliebe und Aufrichtigkeit zweifeln müssen, wenn ich annehmen wollte, daß Sie Vegetarianer wären oder Kenntniß von den bezüglichen Wirkungen der natürlichen Lebensweise hätten, und hätten es bei obiger Aeußerung bewenden lassen.

Erlauben Sie mir also zu bemerken, daß zwischen den fauligen Ausscheidungen des Carnivoren — und

jenen des consequenten Vegetarianers ein Unterschied
ist, von dem Sie keine Ahnung haben. Er ist
eben so groß, wie etwa zwischen dem Kuhstall des
Herrn Voigtländer in Leipzig, in welchem ich die
feinsten Damen mit Appetit Milch verzehren sah, und
dem Duft in einer Menagerie, einem vielbenutzten
großen Schlachthause oder dem Appartement eines
„feinen" Gasthauses, wo täglich viele Gourmands an
lukullischer Tafel sitzen. Seien Sie ein einzig
Jahr consequenter Vegetarianer, und Sie
werden den Fleischgenuß allerdings so ekel-
haft finden, daß Sie den Ausdruck „sich zu
einem Gefäße der Fäulniß machen", so tref-
fend als decent finden und keinen Anstoß nehmen werden, daß der Sprachgebrauch Fleischesser und
Särge mit dem gleichen Ausdruck „Sarkophage"
längst belegt hat.

Es wäre sehr zu wünschen, daß der „nüchterne
Naturforscher" dergleichen Thatsachen, die ihm zur
Zeit noch sehr selten vorkommen werden, genau und
natürlich am besten an sich selbst untersuchte. Er würde
sich dann sicher weniger in Transactionen mit an-
geblich natürlichen „Bedürfnissen" verirren, aber der
Menschheit um so größere Dienste leisten können.
„Die physiologische Betrachtung ist hier maßgebend."

Ein solcher „nüchterner Naturforscher" würde bei

diesem Studium sicher viel neue Entdeckungen machen, die sich auf den ganzen Menschen beziehen.

Er würde immer sicherer und überzeugter finden, welche Unzahl physischer Leiden aus der unnatürlichen Diät, d. h. aus der blutigen, stammen, und indem er diese Leidensquellen schließen hülfe, thäten sich von selbst die natürlichen Quellen der Gesundheit auf.

Er würde finden, daß mit der Gesundheit und Leichtigkeit des Körpers ein heiterer Muth in das Gemüth, eine freiere Kraft in den Geist kommt.

Er würde finden, daß die natürliche Diät die leibliche und geistige Kraft und Ausdauer vervielfacht, allen Heilungen, die möglich sind, die Bahn bereitet, tiefer in unser ganzes Menschenthum eingreift, als wir uns je haben träumen lassen.

Er wird finden, daß die sittlichen Zustände in der Menschheit wesentlich durch die natürliche Lebensweise bedingt sind, nicht als ob der fertige individuelle Wille nicht individuell gebieten könnte, soweit seine Kraft eben reicht, wohl aber in dem Sinne, daß er im Durchschnitt von den Zuständen des Organismus abhängig wird, in welchem er doch herrschen soll.

Er wird finden, daß er dann die Elemente zur Lösung der socialen Frage wieder entdeckt hat.

Er wird finden, daß die ganze Anschauung der Welt und des Menschenlebens eine andere, eine ungleich schönere und heilbringendere wird.

Er wird finden, daß sein neues Leben ihm zur Verjüngung seiner Religion wird.

Er wird das Alles finden, denn wir haben das Alles gefunden; aber als „nüchterner Naturforscher" wird er dabei den großen Dienst leisten können, die Erkenntniß im Einzelnen fester zu stellen und die Schritte der Menschen sicherer auf rechtem Wege leiten zu helfen.*)

---

*) Dem geehrten Leser diene hierbei zur Nachricht, daß die versuchsweise begonnene Zeitschrift:

„**Vereinsblatt**

für Freunde der natürlichen Lebensweise (Vegetarianer) von **Eduard Baltzer**" (im Selbstverlage des Herausgebers, in Commission von Ferd. Förstemann, Nordhausen), so freudige Aufnahme gefunden hat, daß es fortgesetzt werden wird.

Dasselbe ist Organ des „**deutschen Vereins für natürliche Lebensweise (Vegetarianismus)**" und will ein Wegweiser in Wissenschaft, Literatur und Praxis dieser Reform sein. Man bezieht es durch jede Buchhandlung, oder direct vom Herausgeber.

Neunter Brief.

Ihre Schrift, geehrter Herr, wird also viel Gutes wirken können, wie ich in den ersten vier Briefen zeigte, allein sie würde ungleich wirksamer sein, wenn Sie nicht gerade in dem Streben, in welchem Sie die Menschen fördern wollen, durch inconsequente Halbheiten die besten Vorsätze ihnen einschläferten und mit Ihrem Namen einen gedankenlosen Vorwand zum trägen Schlendrian des bloßen Herkommens gäben. (S. 34, 40, 44, 54 u. a.)*)

Wie viel wirksamer wäre es, wenn gerade Sie nicht verschmähet hätten ausführlicher zu zeigen, wie gerade unsere Diät es ist, mit der Sie als Arzt in

---

*) Einer Ihrer Leser machte zu Ihrer Berufung auf die „Gewohnheit" die in der That sehr nahe liegende treffende Bemerkung: „Ja, das Fleischessen, Schnapstrinken ꝛc. ꝛc. ist **verjährt**" — also: „es wird fortgesoffen"!! —

unzähligen Krankheitsfällen der leidenden Menschheit zu Hülfe eilen müssen, und wie umgekehrt die herkömmliche Diät Ursache ihrer meisten Leiden ist. Wenigstens hätten wir erwartet, daß Sie diejenigen Aerzte widerlegten, welche dies mit uns behaupten.

Von uns Laien können sie nur erwarten, daß wir auf die Thatsachen hinweisen, deren Zeugen wir sind, daß viele physische Leiden bei unserer Diät ganz von selbst verschwinden, je treuer und ausdauernder wir unserer Regel folgen; daß ein frisches Gesundheitsgefühl uns überkommt, wenn es uns, wie mir, seit Jahrzehnten abhanden gekommen war; daß unsere physischen Kräfte steigen und weit größerer Anstrengung und Ausdauer fähig werden; daß wir somit die ersten Bedingungen eines langen und glücklichen Lebens erfüllen: hierfür aber sind wir Vegetarianer alle ohne Ausnahme in dem Maaße Zeuge, als wir in unserer Diät ausdauernd treu gewesen.

Noch wohlthätiger würde Ihre für das Volk bestimmte Schrift geworden sein, wenn gerade Sie länger dabei verweilt hätten zu zeigen, wie aus dem leiblichen das Seelen- und Geistesleben der Menschen hervorgeht, wie es sich kraft seiner einheitlichen Natur gegenseitig bedingt und wie folgeweise die natürliche Diät auf Seele und Geist einen mächtigen Einfluß übt im Guten wie im Bösen.

Wir Laien können nur die Thatsachen constatiren, daß es so ist, und darauf hinweisen, wie die moralische und geistige Zerrüttung und mit ihr Siechthum und Ruin in allen Beziehungen aus unnatürlicher Lebensweise thatsächlich fließt, und der Knechtssinn zuletzt dazu, denn Gier nach Gewinn und Genuß macht Sclaven über Sclaven, wenn sie auch noch so sehr ihrer Freiheit sich rühmen. "Multis enim serviet, qui corpori servit!" (Seneca.) Vergleiche der Leser, was Plagge, Rosch, Reich, Graham und ähnliche Männer, die ich II, S. 161 citirte, hierzu sagen!

So wächst die Betrachtung der Sache vom gesundheitlichen Standpunkte unter den Händen zu einer socialen Frage an. Sie erkennen nun zwar die sociale Wichtigkeit der Sache vollkommen an; allein nur theoretisch. In einer Schrift an das Volk, für dessen Heil Sie wirken wollen, hätten wir erwartet, daß Sie dieser Seite wenigstens auch einige Seiten gewidmet hätten. Denn was hilft es dem "Arbeiter" einen höhern Lohn verschaffen, wenn er ihn nicht anders als zu seinem erhöheten Verderben gebrauchen lernt? Was hilft es, daß so viele Aerzte sich als Opfer dem Typhus entgegenwarfen, wenn wir nicht lernen die wahren Quellen des Typhus auffinden? Unsere natürliche Lebensweise ist die wahre "Selbsthülfe", und wenn das Volk sie lernt, dann wird ihm geholfen sein.

Was Ihnen und Vielen am unverständlichsten ist, wird Ihnen freilich erst durch die That klar werden: die religiöse Seite.

Wenn wir einem ächten Carnivoren sagen: Du hast kein Recht, das Thier zu tödten, um es zu verzehren, so wird er dafür nicht das geringste Verständniß zeigen, und mit Spott antworten. Wenn wir ihm mit der nüchternsten Objectivität klar machen, daß das Fleischessen nichts ist als ein Verzehr von Thierleichen, in dem sich allerdings eine gewisse Bestialität zeigt, so bekommt er vielleicht eine leise Ahnung von der gräßlichen Verirrung, in der wir stecken. Aber wahrscheinlich erst wenn er begreifen gelernt, wie die Sarkophagie der Mittelpunkt jener Zeitkrankheit ist, über die Sie selbst so gerechte Klage führen, erst dann wird er in seinem Gewissen, und das heißt religiös — umkehren, und die Wege aufsuchen, welche von der Natur und dem erkennenden Geist, von der Geschichte und der Erfahrung, die alle Tage neu wird, uns als Wege des Heils gezeigt werden.

Daß Ihnen, geehrter Herr, diese Gesichtspunkte des sanitätlichen, social-ökonomischen, pädagogischen, moralischen und religiösen Wesens der natürlichen Lebensweise theils nur wenig, theils gar nicht bewußt waren, als Sie Ihre so nützliche Schrift verfaßten, ist die Schuld des herrschenden Zeitgeistes. Wenn es Ihnen aber gefallen wird sich mit Liebe und Hingebung und mit der That auf diese Standpunkte zu begeben, so werden Sie zu dem Guten das Bessere fügen und statt getrieben zu werden, selbst treiben zu der „Reform der Gesellschaft", durch welche allein, wie Sie selbst sagen, die an künstlichen Bedürfnissen tief erkrankte Zeit geheilt werden kann. „Eine streng wissenschaftliche Diätetik ist bis jetzt noch unmöglich" sagten Sie (S. 40). Nun, so können Sie uns die Bitte nicht verargen: Prüfen Sie die Ihnen zur Zeit wenigstens theilweise noch unbekannt gebliebenen That= sachen, welche unsere natürliche Lebensweise bietet, prüfen Sie dieselben an sich selbst, und wir dürfen hoffen, von Ihnen noch die erste „streng wissenschaft= liche Diätetik" zu erleben, falls die Männer der alten und neuen Welt, von denen wir bisher gelernt haben, darin noch viel zu wünschen übrig gelassen haben.

In der Hoffnung, daß Sie auch dies mein Wort als ein Zeugniß für eine hochwichtige Sache freund= lich aufnehmen werden, mit ausgezeichneter Hochachtung Ihr ergebener

Eduard Baltzer.

Nordhausen, im Juli 1868.

Druck von C. Kirchner in Nordhausen.

In meinem Verlage erschien und ist durch jede Buchhandlung zu beziehen:

Baltzer, Eduard. Von der Arbeit, oder die menschliche Arbeit in persönlicher und volkswirthschaftlicher Beziehung. 16 Sgr.

— Das Leben Jesu. 2. Auflage. 22½ Sgr.

— Alte und neue Weltanschauung. Vorträge. 4 Bände. 1. Band 22½ Sgr. 2. Band 25 Sgr. 3. Band 22½ Sgr. 4. Band 1 Thlr.

— Allgemeine Religionsgeschichte. 24 Sgr.

— Aus dem Evangelium. Gedichte. Miniatur-Ausg. geh. 22½ Sgr. Elegant gebunden mit Goldschnitt 1 Thlr.

— Aus der Edda. Deutsche Nachklänge in neuen Liedern. Miniatur-Ausgabe. 22½ Sgr.

— Die neuen Fatalisten des Materialismus, eine Streitschrift wider sie und für die Freiheit. 15 Sgr.

— Die vier Evangelien. Neu und treu übersetzt. 10 Sgr. Eleg. gebunden 15 Sgr.

— Erklärung der vier Evangelien. Ein Handbuch zum Verständniß der Evangelien und des Lebens Jesu. 24 Sgr.

— Religiöse Jugend- und Volksbildung. 12½ Sgr.

Balzer, Eduard. Die natürliche Lebensweise, der Weg zu Gesundheit und socialem Heil. 1. Bändchen. Mit 2 Tafeln Abbild. 1867. 12 Sgr.

— Desselben Buchs 2. Theil, auch unter dem Titel: Die Reform der Volkswirthschaft vom Standpunkt der natürlichen Lebensweise. 16 Sgr.

— Pythagoras, der Weise von Samos. Ein Lebensbild nach den neuesten Forschungen bearbeitet. Mit einer Ueberfichtskarte. 25 Sgr.

Nordhausen.   Ferd. Förstemann.